Le guide complet de l'année

ISBN : 9798693185012

Marque éditoriale : Independently published
Auteur : Joan Pruvost
Date de 1ère publication : septembre 2020

Balance 2021
Le guide complet de l'année

Astrologie, Numérologie, Guidances.

Joan Pruvost

Le guide complet de l'année

Table des matières

Introduction 7

La Balance et la numérologie de l'année 9

La Balance et les vibrations personnelles dans l'année 2021 15

La Balance et l'astrologie dans l'année 61

   Votre toile de fond et les tendances comportementales de votre signe astrologique : l'influence des planètes éloignées 62

   Mois par mois en 2021 : astrologie globale pour le signe de la Balance et précisions personnelles par rapport à votre vibration personnelle de l'année. 72

Des guidances Pour l'année 191

Le petit Mot de la Fin 201

Le guide complet de l'année

Introduction

Bonjour cher lecteur Balance,

Tout d'abord, merci de votre confiance. Je suis ravie de partager avec vous mes études concernant l'ensemble des énergies de l'année 2021 pour votre signe astrologique.

Vous comprendrez quels sont les effets des énergies de l'année sur vous. Vous pourrez calculer plus précisément vos propres vibrations personnelles pour l'année 2021 et suivre l'évolution de celles-ci, mois par mois, en même temps que les énergies astrologiques qui vous accompagnent.

Cet ouvrage est créé dans le but de vous guider tout au long de l'année, autant pour « comprendre » ce qui vous arrive, que pour prévoir les meilleurs moments pour vous dans l'année et anticiper. Vous verrez que l'orientation des interprétations est surtout axée sur le comportement, l'aspect psychologique et émotionnel.

Un chapitre est consacré à des guidances à partir de lames de tarot. Vous pourrez les utiliser toute l'année, si vous avez un doute, ou une question … faites confiance au hasard … posez votre question et ouvrez n'importe quelle de ces pages, puis lisez la guidance qui vous est proposée. Vous pourrez alors réfléchir ou méditer sur le message de cette guidance.

Je vous précise que tout ce que j'écris est en fonction de mes connaissances, d'un détail qui attire mon attention et qui m'entraîne dans de nombreuses recherches, et beaucoup d'intuitions. Je laisse venir et écrire les phrases les plus simples possibles pour qu'elles soient comprises par le plus grand nombre. Tout cela ne reste bien sûr que des intuitions et des spéculations sur la probabilité la plus forte. Il se peut donc que tout ne soit pas juste. L'avenir nous le dira.

L'année 2021, dans l'ensemble devrait être pleine de rebondissements. J'espère que vous saurez profiter de tous les avantages qu'elle pourrait personnellement vous apporter, et déjouer les pièges qu'elle comporte !

Joan

La Balance et la numérologie de l'année

Le signe de la Balance est le 7ème signe du zodiaque et le 2ème signe de l'élément air. Gouverné par Vénus, elle-même une planète de l'élément air. Un élément air qui apporte au signe de la Balance des caractéristiques liées au mental et à l'intelligence. Mais les Balances sont aussi très réceptives aux intuitions qu'elles arrivent rapidement à comprendre. Vénus apporte au signe de la Balance, des notions de temporisation, d'harmonie, d'amour, de plaisir, et accentue également les « ressentis ». En général, le natif de la Balance « sent » naturellement ce qui est bon pour lui ou pas. La représentation du signe de la Balance indique en plus des notions d'équilibre, de justice, d'équité, de règles.

La Balance, grâce à (*ou à cause de*) Vénus et l'élément air, réfléchit beaucoup notamment pour tout ce qui concerne son équilibre propre. Le natif aime se sentir bien, en sécurité, avoir ses habitudes, et il passe une bonne partie de son temps à faire en sorte que cet équilibre dont il a besoin ne soit pas rompu.

L'élément air permet également à la Balance d'avoir une belle communication. L'échange est même primordial car il permet au natif de toujours comprendre ou lui-même se situe. Une communication facile avec de l'empathie. Le natif est naturellement doué pour adoucir des conflits. Mais attention, l'élément air aime que les choses bougent, et le natif de la Balance pourrait avoir tendance à s'ennuyer rapidement... C'est ce qui fait toute l'ambiguïté de ce signe astrologique : aimer sa zone de confort mais la peur de l'ennui...

Le Signe de la Balance possède d'autres qualités, comme la patience, la tolérance, l'écoute ... mais possède aussi un jugement implacable. L'une des plus grosses difficultés pour la plupart des natifs est la prise de décisions. Même si certains d'entre vous se décident rapidement, il y a tout de même une majorité qui se trouve plus souvent dans l'hésitation...

Votre planète Vénus vous donne aussi le goût des belles choses, l'envie de profiter de la vie, d'aimer la liberté... Grâce à elle, vous aimez être dans la découverte et ne tenez parfois pas en place. C'est l'esprit qui a besoin d'être nourrit. Vous êtes généralement dans de belles ouvertures de conscience si vous prenez le temps d'observer tous les points de vue, ou de comprendre les choses sous plusieurs angles différents. Votre esprit analytique synthétise rapidement les données.

L'année 2021 est ce que l'on appelle une année en vibration 5 en numérologie. Une année de changements, de mutations, d'évolutions, de rapidité, de surprises ... Votre signe astrologique, premier signe de l'automne, est un signe cardinal. Comme l'ensemble des signes cardinaux, vous êtes plein d'élan et d'énergie. Vous avez un bel enthousiasme, toujours prêt à l'aventure ! Dans cette année en vibration 5, vous devriez vous sentir « à l'aise ». Vous apprécierez les opportunités ; vous verrez rapidement les différentes voies qui s'offrent à vous ; vous serez capable d'entrainer les autres si besoin ! Attention tout de même, car cette énergie 5 peut aussi vous emmener à tout va et vous faire tourner la tête ! Vous serez attirés par toutes sortes de nouveautés, de tentations, de projets... Il vous faudra réussir à garder les pieds un peu sur terre pour ne pas tomber dans des illusions, de faux espoirs, ou prendre un mauvais chemin.

Votre capacité à prendre des décisions rapidement sera très utile. Sauf que, vous aurez tendance à trancher rapidement sans vraiment prendre le temps de regarder toutes les données. Si vous avez en parallèle une excellente intuition, alors tant mieux. Mais si vous agissez principalement par l'égo, ce sera peut-être plus compliqué. En 2021, combler des besoins personnels peut entrainer dans des méandres douteux. Il vous faudra y penser régulièrement...

L'année 2021 devrait aussi vous permettre de nouvelles rencontres. Vous vous ouvrez davantage au monde extérieur à votre zone de confort ; vous osez sortir de vos habitudes, remettre en cause vos traditions et vos connaissances. Vous ne voulez surtout plus vous ennuyer ! C'est l'occasion d'apprendre de nouvelles choses, de découvrir de nouveaux horizons, de nouvelles traditions, pourquoi pas, et de transformer l'ensemble de vos connaissances et croyances actuelles.

Une année d'évolutions dans tous les domaines. Même si vous ne vous appliquez à faire évoluer qu'un seul domaine, attendez-vous toujours à avoir des répercussions sur l'ensemble de votre vie. Pour ceux qui le souhaitent, (*et comme pour l'ensemble des 12 signes astrologiques*), 2021 peut être synonyme de nouvelle vie, de nouveau départ. Vous pouvez faire évoluer quelque chose qui existe déjà vers quelque chose de mieux ou de différent. Vous pouvez aussi débloquer certaines choses qui trainent depuis longtemps. C'est également une bonne année pour rompre avec le passé si besoin, tout en se tournant avec joie vers l'avenir.

Tout cela à l'air bien beau et bien prometteur, et ça l'est. Mais de manière concrète, ce ne sera sans doute pas toujours aussi simple.

L'année en vibration 5 possède aussi ses côtés sombres. Votre élément air tourbillonnant dans l'énergie mouvante du 5, peut vous rendre nerveux, inconstant. Il peut vous faire ressentir facilement de la colère, du refus, de la frustration. Vous pourriez agir brutalement, ou subir une énergie qui viendra « déloger » les plus stables d'entre vous, ceux qui se confortent dans leur zone de confort. Pourquoi ? parce que nous devons être créateurs, et que ceux qui restent trop dans leur zone de confort, gaspillent leurs énergies à maintenir leurs équilibres actuels au lieu de créer des choses nouvelles... Cela peut créer ou réveiller des peurs en vous, enfouies, ou oubliées. Une énergie 5 qui peut vous disperser, vous conduire dans les extrêmes (en positif ou en négatif) de comportements ou de situations, vous pousser nerveusement à bout, ou dans vos retranchements. Une énergie qui peut vous conduire dans la dévalorisation, la dissolution de l'égo... pour vous reconnecter à l'authenticité, à l'énergie du cœur ; vous permettre de retrouver de véritables valeurs.

En réalité, je définis 2021 comme une année de grand test individuel. Des évolutions personnelles que chacun doit réaliser et qu'il sera possible de mettre en commun dans l'année suivante... Une année déstabilisante qui actionnera votre Balance, pour que vous tentiez de retrouver votre équilibre rapidement, en toute circonstance.

Côté cœur et relationnel, vous avez donc des ouvertures vers de nouvelles rencontres (amoureuses, amicales ou professionnelles). Chacune de ces rencontres peut vous apporter beaucoup à comprendre sur vous-même... C'est aussi l'occasion de faire évoluer des relations déjà existantes : soit en les améliorant, soit en coupant un trait sur le passé. Vous serez à l'écoute des autres, vous comprendrez rapidement les besoins de chacun, et saurez même apporter des solutions à ceux qui en ont besoin. Le partage avec les autres sera important.

Côté projets ou professionnels, il est possible que vous ayez envie d'apprendre de nouvelles choses, de mettre en route de nouveaux projets, de donner une tournure différente à ceux que vous avez déjà mis en place. Si vous souhaitez tout casser pour recommencer autre chose, c'est possible aussi ! C'est surtout l'envie de faire quelque chose qui vous correspond plus, que vous aimez... Encore une fois, pour certains d'entre vous, cette évolution dans le travail peut être la perte d'un emploi qui vous oblige à faire autre chose...

Côté budget, 2021 pourrait être une année de dépenses... prévues ou imprévues... Votre attirance pour les belles choses, le goût du luxe, et la diversité à laquelle vous pourriez avoir accès, seront autant de tentations dotées de pièges à déjouer.

Vos points forts de l'année seraient :

- La capacité à s'équilibrer – s'adapter rapidement – voir les côtés différents – l'écoute – le partage

Vos points faibles de l'année seraient :

- l'autocritique – la frustration – l'emballement et la dispersion – l'égo.

En 2021, vos mois de naissance, septembre et octobre, ont des vibrations particulières en 5 et 6. Bien que la vibration 5 concerne davantage les natifs du mois de septembre et la 6, ceux d'octobre, dans l'ensemble, vous ressentez ces deux vibrations.

La vibration 5 vous entraine encore plus vite dans le tourbillon de l'année. Les changements, évolutions ou transformations sont pratiquement inévitables, qu'ils soient décidés et choisis ou non. C'est une forte créativité également et beaucoup de curiosité qui vous ouvrira l'esprit et le cœur.

La vibration 6, elle, peut vous déloger de votre zone de confort, vous permettre de vous ouvrir aux autres, de faire des rencontres, d'être attentionné ou dévoué. Elle vous permet aussi de comprendre « la place » et « l'impact » que vous avez sur votre environnement, dans votre quotidien.

La Balance et les vibrations personnelles dans l'année 2021

Dans les paragraphes qui suivent, vous découvrirez votre vibration personnelle interprétée pour votre signe astrologique.

Les vibrations personnelles permettent de vous ajuster dans la vibration 5 de l'année.

Selon votre vibration personnelle, il y aura toujours des atouts et des inconvénients par rapport à la vibration annuelle. C'est ce que je vous propose de déterminer dans ce chapitre.

En fonction de votre (ou vos) chiffre(s) personnel(s), vous comprendrez davantage les énergies que vous aurez, les blocages que vous pourriez rencontrer, les domaines de vie favorisés, ou ce à quoi vous devez prêter une attention particulière.

Je vous propose deux types de calculs pour les vibrations personnelles annuelles : une vibration « générale » et une vibration plus « personnelle ».

- **En numérologie « classique », la vibration pour l'année se calcule en ajoutant :**

Votre jour de naissance + votre mois de naissance + 5

Par exemple, si vous êtes nés le 9 mai, en 2021 votre vibration annuelle est : 9 + 5 + 5 = 19 et 1+9= 10 ... 1+0 = 1

La vibration annuelle générale est alors en 1 pour mon exemple. C'est cette vibration qui s'exprimera davantage dans le « monde extérieur ». Un peu comme le « but social » à atteindre au cours de l'année.

- **Cependant j'aime ajouter l'année de naissance dans le calcul afin d'avoir une vibration un peu plus intime.**

Pour connaître votre vibration annuelle plus personnelle pour l'année 2021, il vous suffit d'additionner les chiffres de votre date de naissance complète et d'y ajouter le chiffre de l'année : 5

Par exemple, si vous êtes né le 9 mai 1974, nous obtenons :

9 + 5 (mai) + 1974 + 5 (année 2021) => 9+5+1+9+7+4+5 = 40 => 4+0 = 4

Si le nombre obtenu est le 13, le 14, le 16 ou le 19, vous serez dans ce que l'on appelle une année karmique, nous en parlerons un peu plus bas. (Réduisez ensuite encore le nombre obtenu pour obtenir un chiffre unique compris entre 1 et 9.)

Dans l'exemple, 4 est alors la vibration annuelle personnelle plus intime.

C'est une vibration qui s'exprimera de manière plus intérieure ou qui peut être considéré comme un but intérieur à atteindre.

Vous avez donc maintenant 2 chiffres représentant vos vibrations personnelles pour l'année 2021. Dans mon exemple, la personne s'exprimera dans le monde avec une énergie 1 et son but intérieur sera en 4 …

Elle devra donc se débrouiller avec ce type d'énergies dans un environnement contenant du 5 (le 5 de l'année).

Pourquoi une différence ?

Je considère que toutes les personnes nées un 9 mai (ou tout autre date) n'ont pas toutes le même destin… Cela semble logique n'est-ce pas ?

Dans l'exemple précédent : la vibration 1 sera une vibration générale qui correspondra à toutes les personnes nées le 9 mai, mais grâce à la vibration plus personnelle avec l'année de naissance, (4 dans mon exemple), la personne peut s'attendre à des différences, ou des petites variantes, par rapport à une autre personne née le même jour mais une autre année.

Deux personnes nées le même jour mais dans une année différente, ne vivent pas exactement les mêmes choses…

Calculez l'une ou l'autre de vos vibrations, ou les deux, et référez-vous, dans les différents paragraphes qui suivront, à ces vibrations afin de comprendre comment s'exprimeront ces vibrations par rapport à la vibration 5 de l'année.

Vous avez déterminé votre vibration personnelle pour l'année ?

Le guide complet de l'année

Vous pouvez vous rendre directement aux pages concernant cette vibration si particulière et importante pour vous cette année. Vous comprendrez ce qu'elle vous « demande » de travailler, ou ce à quoi vous devez prêter votre attention de manière générale, puis spécifiquement pour votre signe astrologique.

Vibration 1 : rendez-vous page 19

Vibration 2 : rendez-vous page 24

Vibration 3 : rendez-vous page 28

Vibration 4 : rendez-vous page 31

Vibration 5 : rendez-vous page 36

Vibration 6 : rendez-vous page 40

Vibration 7 : rendez-vous page 45

Vibration 8 : rendez-vous page 50

Vibration 9 : rendez-vous page 55

La Vibration personnelle 1 en 2021

Généralités

La vibration 1 est une vibration d'action, de personnalisation, de décisions, de nouveau départ, de renouvellement. Le 1 invite à se centrer sur soi, à trouver sa place, à se réaliser. Elle donne un nouvel élan qui peut vous conduire loin si vous êtes bien conscient de ce que vous faites. Avec le 1, c'est comme si votre destin est entre vos mains. Et entre vos mains uniquement. Vous seul, savez ce qui est bon pour vous. Aussi ne vous attendez pas à avoir beaucoup d'aides autour de vous, ou si des décisions importantes sont à prendre, il faudra vous faire confiance, car vous serez la seule personne la plus apte à décider de ce que vous voulez pour vous. Vos ambitions seront élevées et guidées par l'envie de changer votre monde, de pimenter votre quotidien, de faire des choses pour vous-même, que vous aimez, et prendre soin de vous. Pour les personnes qui ont toujours tendance à s'occuper des autres, cette vibration 1 vous fera beaucoup de bien, car elle vous permettra de « vous retrouver », de mieux comprendre qui vous êtes au fond. Pour celles qui ont besoin d'un réveil, le 1 vous met en avant, vous apporte du dynamisme, et vous obligera à vous bouger. « Se prendre en main » est une expression qui résume bien cette vibration 1. On se sent « revivre » avec ce chiffre, comme une renaissance attendue depuis longtemps.

En « but à atteindre », la vibration 1 vous demande de vous imposer, d'affirmer votre personnalité, de défendre vos choix, de réaliser ce que vous avez décidé, ou tout au moins de mettre en route quelque chose qui sera important pour vous, ou déterminant pour la suite. Le 1, vous donne réellement cette possibilité de prendre un nouveau départ. Et avec la vibration 5 de l'année, c'est le vent qui tourne vers ce renouveau.

Votre curiosité sera forte, vos actions ciblées. Vous pourriez être un rouleau compresseur ! vous avancez coûte que coûte, sans vous laisser abattre, parfois même en entraînant les autres sur votre passage ! un leader plein d'enthousiasme, d'intuitions fortes. La liberté, l'autonomie, la capacité à atteindre des sommets, c'est pour vous !

Si vous êtes de nature timide, la vibration 1 vous met en avant, vous propulse sur le devant de la scène. C'est le chiffre du leadership. Peut-être serez-vous amené à prendre des initiatives, ou que l'on vienne régulièrement demander votre avis. Le 1 inspire la confiance, et il vous invite également à faire confiance en vos ressentis, vos intuitions, pour vous guider. Et des intuitions, vous devriez en avoir beaucoup dans cette année 5 ! il vous faudra en priorité écouter votre cœur, plus que votre tête.

La vibration 5 vous permettra (pour la plupart), de faire tout ce que vous souhaitez. Tout est « ouvert » devant vous, il n'y a qu'à « prendre » ou utiliser tout ce qui se présente ! beaucoup d'opportunités et de chances possibles, tout au long de l'année.

Il vous faudra cependant rester vigilant pour ne pas faire tout et n'importe quoi et vous lancer dans de multiples projets. Même si beaucoup de choses vous réussissent, vous risqueriez de vous éparpiller, de prendre une mauvaise voie, ou simplement de vous sentir fréquemment fatigué.

Il est donc important pour vous, de savoir exactement ce que vous voulez pour vous pour la suite, et de l'affirmer, d'avoir des actions dans le sens du but que vous voulez atteindre. C'est une année pour « oser », pour vous « lancer ». Et si vous souhaitez changer d'orientation par rapport à ce que vous faites habituellement, ce sera le bon moment ! Ce sera aussi l'occasion de vous « détacher » totalement du passé tout en vous ancrant dans votre nouvelle vie.

En 2021, je vous conseille de retenir cette phrase : prendre un nouveau départ, avec plus de sagesse, plus de cœur.

Au niveau spirituel, la vibration 1 vous entraîne dans une nouvelle voie, une nouvelle conscience qui s'ouvre, et vous pourriez cette année, découvrir de nouvelles connaissances qui vous permettront d'accéder à cette nouvelle conscience. Vous pouvez aussi méditer sur votre propre passé, afin de comprendre comment vous avez évolué jusque maintenant. C'est le moment de « réunir » tous vos meilleurs atouts, vos meilleures capacités, et d'en faire quelque chose de totalement nouveau !

2021 peut aussi être pour vous, l'occasion de vous séparer de mauvaises habitudes ou d'addictions.

Le côté sombre de la vibration 1 dans l'année 5 : Vous pourriez avoir des actions brusques, parfois irréversibles : 1 chance à saisir, 1 action à avoir, ça passe ou ça casse ...

Vous pourriez aussi vous sentir isolé, exclu, et pour certains, se sentir frustrés intérieurement. Le stress peut aussi être votre ennemi de l'année. Vous aurez beaucoup de mal à accepter les règles, les obligations, les contraintes.

Vous pourriez être trop personnel, ou ne pas vous sentir soutenu. Vous pourriez aussi être soumis(e) à diverses tentations dont il faudra déjouer certains pièges. Seul vous, pouvez prendre les décisions !

Le « 1 » karmique

Attention toutefois, si vous avez obtenu le chiffre 1 après réduction du nombre 19 (1+9=10 => 1+0=1). Vous êtes alors dans ce que l'on appelle une année karmique. Si ce nombre correspond à la vibration « extérieure », alors vous risquez de vous retrouver souvent seul à affronter les situations. Ne comptez pas trop sur l'aide des autres, rappelez-vous que vous ne serez jamais mieux servi que par vous-même. Vous pourriez également avoir énormément tendance à écraser les autres, ou à vouloir tout diriger. Vous pensez à vous et votre bien-être avant tout. Le but de cette année karmique dans une vibration 5, est de mesurer vos ambitions et de revoir vos priorités.

Si ce nombre correspond à votre vibration « intérieure », elle vous demandera de travailler votre influence, et les besoins que vous cherchez à combler. Vous pouvez être leader sans être le nombril du monde. Votre but de l'année pourrait être d'être capable de pousser les autres vers le haut avec tout votre dynamisme, tout en restant vous-même en arrière-plan. Le but est d'apprécier la réussite des autres, grâce à vous, mais sans récolter d'honneurs particuliers. Savoir apporter votre lumière au service des autres.

La Balance en vibration 1 dans l'année 2021 :

La vibration 1 vous enlève des doutes et hésitations. Vous êtes capable de décider une bonne fois pour toute ce que vous voulez. Tout peut vous réussir, à condition que vous vous fassiez davantage confiance. Le 1 dans l'année en 5 va renforcer cette confiance en vous-même et en vos capacités personnelles tout au long de l'année. Vous ferez des choix rapides et décisifs entre toutes les opportunités qui pourraient se présenter. Vous avez la capacité de vous tracer une nouvelle route, d'entamer une nouvelle vie, de changer, transformer, faire évoluer, tout ce qui vous permettra d'avancer et de vous épanouir. La rapidité des évènements de l'année vous convient, cela vous permet de ne pas stagner, et vous vous adaptez facilement. Vous pouvez trouver des avantages dans à peu près tout, ou les « tourner à votre avantage ». Certaines choses vous paraitront plus faciles, plus fluides, plus accessibles.

Vous accédez à de nouveaux horizons, que ce soit géographiquement ou intellectuellement. Votre conscience s'ouvre à de nouvelles croyances. Vous êtes davantage centré sur le cœur. Vous êtes capable de prendre votre envol, votre indépendance, de vous couper de croyances anciennes ou obsolètes. Vous pourriez rencontrer de nouvelles personnes, élargir votre environnement.

L'énergie 1 vous demande principalement de trouver votre stabilité intérieure, de vous fixer un but précis, de rester concentré, et tout cela dans un environnement qui pourrait se bousculer régulièrement. Il vous faudra apprendre à compter sur vous-même. Une année de chances et d'ouvertures dans laquelle il faudra trouver votre propre place.

Côté cœur et sentimental, vous devrez vous détacher de l'influence de l'autre. Il vous faudra réapprendre à être à l'écoute sans pour autant tout prendre sur vous. On vous demandera peut-être régulièrement votre avis qui ne devra pas s'accompagner de « peut-être que», ou de « oui mais... », mais qui demandera un avis juste, conscient, lucide, et concret. On a besoin de vos éclairages !

Côté budget, l'énergie 1 vous demande de vous concentrer sur l'essentiel. Épurez votre environnement, et vendez tout ce dont vous n'avez pas vraiment besoin serait une bonne chose... cela vous permettra de réinvestir dans des choses nouvelles. Vous êtes également attiré par les nouvelles technologies, celles qui facilitent la vie.

Je vous invite à suivre l'évolution de votre vibration personnelle tout au long de l'année, mois par mois, associée à l'astrologie de votre signe. Rendez-vous page 61

La Vibration personnelle 2 en 2021

Généralités :

La vibration 2 dans l'année 5, vous donnera accès à toutes les vibrations, toutes les sensations, tous les ressentis, notamment ceux liés au cœur et à l'évolution de l'âme. Vous verrez rapidement les choses sous des angles différents. Vous comprendrez qu'il n'y aucun blocage nulle part et qu'il y a toujours une voie de sortie à tout.

La vibration 2 vous permettra également de maintenir un certain équilibre en vous malgré les turbulences extérieures. Vous pourrez aussi l'utiliser pour rétablir l'équilibre et l'harmonie autour de vous. Vos qualités d'écoute sont grandes. Les rencontres, qu'elles soient amicales, amoureuses, ou professionnelles, sont possibles. Vous êtes également dans le partage, le dialogue et la médiation.

En fait, tout semble ouvert pour vous sur beaucoup de points... il faudra juste ... faire les bons choix. Et c'est là, le plus difficile de votre année en 2 : faire des choix, hésiter, changer d'avis, avoir des doutes ... notamment dans une année en vibration 5 qui peut mettre sur votre route tout un tas de choses différentes et attrayantes ... Ce sera donc un effort de discernement important, de choix importants qui pourront vous faire glisser rapidement dans les doutes et incertitudes.

On pourrait presque dire qu'à chaque fois que vous désirerez quelque chose, vous aurez sur votre route ce que vous demandez et son contraire... Il faudra vous interroger souvent sur la nature de vos souhaits et désirs. Il faudra faire vos choix pour vous-même, en harmonie avec votre être profond, mais sans combler des besoins personnels. Vous devrez donc petit à petit trouver votre équilibre intérieur et extérieur personnel. Trouver votre place dans le couple peut être l'un des buts de l'année. Le 2 demande un juste milieu dans vos actions, dans votre compréhension, l'autre est tout aussi important que vous-même. Vous avez des besoins, l'autre aussi. Il doit s'établir une sorte de respect mutuel. Dans une année en vibration 5, avec une année personnelle 2, toutes les relations interpersonnelles évoluent, qu'elles se renforcent ou qu'elles se brisent.

Les compromis font partie intégrante de la vibration 2, qu'ils soient envers d'autres personnes ou envers vous-même. Il vous faudra peut-être trouver des compromis entre ce que vous savez et ce que vous ressentez.

Dans l'ensemble, la vibration 2 vous permet de vous réajuster dans un domaine précis ou dans tous les domaines (et avec la vibration 5 de l'année, il semblerait que tous les domaines sont concernés... mais particulièrement tout ce qui touche les sentiments, les émotions, et leurs gestion). Le but de cette vibration est que vous puissiez vous épanouir émotionnellement.

La Balance en vibration 2 dans l'année 2021 :

Une vibration qui va tester la justesse de votre discernement. La vibration 2 est l'un des chiffres typiques de votre signe astrologique. Cette année, plus que jamais, il sera utilisé, testé, présent. Dans l'énergie 5 de l'année 2021, vous devez soit retrouver ou rétablir l'équilibre en vous et autour de vous quasi en permanence, soit vous pourriez faire de multiples expériences dans le contraire de ce que vous avez l'habitude de vivre. Dans tous les cas, ce ne sera sans doute pas de tout repos, mais très enrichissant ! Votre sens de la justice mais surtout de l'équité sera très recherché et apprécié. Il n'y a que vous qui semblez aptes à temporiser les évènements autour de vous. Vous aurez l'impression que beaucoup de choses dépendent de vous. Votre goût pour la diversité et votre curiosité seront eux-aussi, nourris au cours de l'année. Vous pourriez parfois avoir tendance à vous disperser dans ce flot de mouvements, mais rapidement vous retrouvez votre cap. Je dirais que les expériences que vous vivez en parallèle, dans vos moments de dispersion, viendront au final enrichir et compléter votre plan de départ. Ce qui peut être très bénéfique. Votre sens de l'écoute sera davantage dans la compréhension et le cœur, un peu comme une parole guérisseuse. Vous ne jugez pas mais êtes capable d'apporter à l'autre d'autres pistes de réflexion. Attention toutefois, de ne pas abuser de cette position ! Vous pourriez au cours de l'année, avoir de nouvelles propositions de travail, peut-être même en rapport avec l'étranger ou un travail à distance. Vous êtes un partenaire inventif, créatif et pouvez apporter beaucoup d'idées nouvelles qui seront probablement remarquées et appréciées.

Côté cœur et relationnel, vous placez peut-être la barre un peu haute dans la recherche du partenaire idéal. Il serait intéressant de revoir vos critères de sélection. Certains pourraient faire une rencontre inattendue et surprenante qui changerait leurs visions de la relation idéale. Dans les relations plus générales, vous semblez un partenaire ouvert et à l'écoute. Certains profiteront toutefois de cette vibration 2 pour faire du tri dans leurs relations.

Cette notion de tri peut aussi concerner les croyances ou les habitudes. Cette année, vous pouvez apporter tous les changements que vous désirez. Il vous suffit de « choisir ».

Côté bourse, attention à vos dépenses. Beaucoup de tentations se présentent pour un natif d'un signe qui apprécie les belles choses...

Je vous invite à suivre l'évolution de votre vibration personnelle tout au long de l'année, mois par mois, associée à l'astrologie de votre signe. Rendez-vous page 61.

La Vibration personnelle 3 en 2021

Généralités :

La vibration 3 est une vibration plus légère. C'est une vibration d'ouverture, de créativité, de joie intérieure, de reconnexion à soi, mais plus dans la conscience de votre être, de votre âme. C'est une vibration qui peut lever des doutes, mettre au grand jour d'autres issues possibles, d'entrevoir des solutions différentes. C'est également une vibration de communication et de partages, qui permet notamment de pouvoir parler un peu plus de soi de manière authentique ou à l'inverse de « jouer parfaitement un rôle »... mais aussi pourquoi pas, d'enseigner ces connaissances. La vibration 3 permet de s'adapter un peu plus facilement au monde qui nous entoure mais en même temps, on peut se sentir comme « attaqué » dans la profondeur de l'être. *(Le 3 étant également un chiffre lié à la vérité ou encore l'illusion.)*

Les autres peuvent être facilement attirés vers vous quand vous portez cette vibration car quelque part, vous êtes un peu comme une éponge absorbant les lourdeurs pour les transformer en légèreté... vous avez les bons mots au bon moment, des réponses claires ayant du sens. Et le 3 vous rend suffisamment flexible pour vous adapter rapidement à la personne en face de vous.

La vibration 3 vous donne également un charme particulier, rêveur, parfois enfantin, vous pouvez paraître fragile aux yeux des autres. Mais vous pourriez aussi attirer de la jalousie ou des « prédateurs » qui profiteront de vous, donc restez toujours un peu méfiant. Votre enthousiasme naturel pourrait vous entrainer dans des situations que vous ne désirez pas.

La vibration 3 dans une année en vibration 5 comme l'est 2021 peut toutefois être déstabilisante. Votre curiosité est grande, votre envie de vivre aussi. Vous avez l'occasion de vivre de multiples expériences. Votre communication et votre charisme sont très élevés. Vous aurez tendance à vous disperser facilement, à ne jamais finir ce que vous commencez, pourtant vous avez énormément d'idées et de rêves que vous aimeriez réaliser. Il faut surtout profiter de cette année pour vous ouvrir aux autres et faire ces multiples expériences qui vous permettront au final de définir exactement ce que vous pourriez faire concrètement.

La Balance en vibration 3 dans l'année 2021 :

Une bouffée d'air frais pour vous avec cette vibration 3 cette année. Moins d'hésitations, moins de doutes. Vous saurez prendre vos décisions grâce à l'écoute de vos ressentis majoritairement. Certains de vos choix pourraient paraître étranges aux yeux des autres parfois, car ils pourraient être très différents de vos habitudes. Vous serez là, où on vous attendra le moins ! Un effet de surprise ou de retournement d'attitude ou de situation qui pourrait porter ses fruits !

Le 3, c'est pour vous la possibilité de rééquilibrer votre balance en apportant des données supplémentaires d'un côté ou de l'autre, en découvrant une issue particulière à une situation qui vous fait pencher plus d'un côté que de l'autre. C'est aussi la possibilité de vous ouvrir à une toute autre conscience, celle liée à ce que j'appelle la fusion : il y a le « vous » physique, le « vous » spirituel, et le « vous » authentique. Et c'est de ce dernier dont vous pourriez vous rapprocher davantage, d'avoir l'occasion de le laisser s'exprimer dans votre vie de tous les jours. C'est aussi celui qui pourrait vous surprendre le plus ou surprendre les autres. Associé à la vibration 5 de l'année, vous serez très enthousiaste, parfois trop peut-être, mais vous aurez aussi l'occasion de saisir des chances et des opportunités qui pourraient bouleverser à chaque fois ce que vous étiez en train de faire. Vous devriez vous réjouir de tous les changements dont vous pourriez bénéficier (si vous en voulez bien sûr, sinon les changements vous seront comme « imposés »...) Vous pourriez faire certaines choses qui dépassent les limites parfois, sans toujours avoir conscience des conséquences à venir, ou des répercussions. Ce serait bien de ne pas vous laisser emporter et de garder un œil sur vos désirs personnels.

Côté cœur et relationnel, vous êtes juste, vous avez de bons conseils et vous vous exprimez facilement et simplement. C'est un plaisir de vous écouter et de partager avec vous. Vous vous intéressez à de nouveaux sujets ou élargissez vos connaissances sur des sujets que vous aimez. Il se peut que vous trouviez de nouvelles personnes avec lesquelles vous pourrez partager tout cela. Une nouvelle relation peut également vous remonter le moral et vous permettre d'envisager l'avenir différemment.

Côté budget, votre attrait pour le luxe pourrait faire pencher votre balance du mauvais sens ... attention de ne pas trop dépenser ! Vous achetez peu mais vous achetez bien, encore faut-il ne pas vous faire arnaquer. Restez vigilant et lisez toutes les lignes si vous devez faire un investissement important.

Je vous invite à suivre l'évolution de votre vibration personnelle tout au long de l'année, mois par mois, associée à l'astrologie de votre signe. Rendez-vous page : 61

La Vibration personnelle 4 en 2021

Généralités

La vibration personnelle 4 dans l'année 2021, permettra à une grande majorité d'entre vous de garder les pieds sur terre malgré les éventuels remous qui pourraient se présenter sur votre route. Vous êtes capable de tirer profit de tout ce qui se produit et cela renforcera, voir développera, votre notoriété, votre projet, votre relation ... Le 4 associé au 5 de l'année, vous conduit vers des transformations concrètes, des changements réels, vers une évolution. Pour beaucoup d'entre vous, un déménagement, (ou l'envie forte de déménager), est envisageable et réalisable. Pour d'autres, il peut s'agir de vouloir à tout prix « fuir la réalité et le quotidien ». Pour d'autres encore, ce sera l'envie d'avoir des actions concrètes vers l'indépendance, la conquête de sa liberté (personnelle). Vous pourriez instaurer de nouvelles règles de vie, casser avec les traditions, faire de l'espace par le vide chez vous, avoir envie de changer de métier...

Le 4 concerne principalement le foyer et le travail, mais il peut aussi concerner la santé ou encore la nourriture. Certains modifieront leurs habitudes (alimentaires, ou dépendances toxiques). Le 4 et le 5, peut vous faire ressentir de la tension nerveuse, de l'instabilité mentale ou émotionnelle ; pour les plus téméraires d'entre vous, ou par manque de chance, c'est aussi un risque de fracture osseuse. Ne soyez pas imprudents !

Quel que soit le domaine concret dans lequel vous aurez envie d'agir, votre but sera : changer de cap !

Même les situations, les relations, ou les dossiers qui pourraient stagner, ne le seront jamais longtemps. Bien entendu, tout ne peut évoluer que si vous-même, vous agissez. Avec le 4, vous êtes l'acteur de vos transformations. Rien ne vous tombe du ciel, même si malgré tout, des petites rentrées d'argent peuvent vous remettre sur vos pieds de temps en temps…

Votre ancrage sera fort et puissant, et cela devrait vous permettre de réaliser de grandes choses et surtout de faire des choses qui seront durables ou auront des répercussions dans votre vie sur du long terme. Vous voyez plus loin, mais aussi, vous envisagez les répercussions et les conséquences de vos actes. La tête sur les épaules, vous profitez vraiment de cette possibilité de poser toutes vos nouvelles bases dans cet élan de transformation, d'évolution, de changements … Ceux, parmi vous qui souhaitent radicalement « changer de vie », c'est l'année parfaite pour vous. Vous bénéficierez d'énergies de persévérance, d'endurance, d'obstination, et d'organisation qui pourront vous permettre de mener à bien vos projets.

Pour d'autres, il peut s'agir d'une année au cours de laquelle, vous ressentirez tellement de pressions, de limitations, d'obligations, que c'est la cocotte-minute qui risque d'exploser. Et c'est cette « montée en pression » qui pourrait vous conduire à « changer de cap ». Il est difficile de voir certaines choses bouger autour et d'avoir l'impression d'avoir les pieds « englués ». Si c'est votre cas, n'oubliez pas qu'il n'en tient qu'à vous d'agir ...

Une année en vibration personnelle 4 demande généralement de vous structurer, de fixer vos propres limites, et de respecter celles des autres. Dans une année en vibration 5, si vous êtes largement dans votre zone de confort, vous pourriez en être délogé ... si vous êtes de nature indépendant et mouvant, vous pourriez être confiné ... tout dépends des expériences personnelles que vous avez à réaliser.

Mais comme nous l'avons vu, nous entrons dans une sorte de nouvelle « ère » et il n'est pas vraiment possible de définir comment la vibration 4 va s'exprimer réellement. Pour la majorité, on pourrait parler principalement de l'envie de s'émanciper et de couper avec l'ancien, les traditions, les racines, les croyances ...

Habituellement au niveau personnel, la vibration 4 donne envie de se poser, de se stabiliser, que ce soit au niveau du travail en assurant une sécurité financière et matérielle ou au niveau privé et relationnel, pour lequel l'envie forte de s'installer, de construire son chez soi, une vie de famille est très présente.

Le 4 provenant de la dette karmique 13

Il est possible que vous ayez découvert votre vibration 4 par réduction du nombre 13 dans votre calcul. Dans ce cas, vous êtes dans ce que l'on appelle une année karmique. N'ayez pas peur, c'est même très intéressant. La perspective d'être dans une année karmique, indique qu'au cours de l'année, vous pourriez être face à une ou plusieurs situations qui pourraient vous permettre de régler ou d'améliorer cette dette. Ce n'est peut-être pas toujours facile à vivre, je vous l'accorde, mais il y a toujours un énorme soulagement derrière, voir même une récompense !

Ainsi, si vous avez découvert le nombre 13 dans votre calcul, vous serez sans doute plus proche de la lame de l'Arcane Sans Nom du tarot : C'est une vibration qui vous demandera davantage d'efforts par rapport aux autres, davantage de lâcher-prise, ou encore d'être capable de changer complètement de cap… en fait, cela peut correspondre à pas mal de choses, et tout dépend de votre passé, de votre vécu actuel, et peut-être même des choix que vous avez pris précédemment. C'est quelque part, une possibilité de recommencer (presque) à zéro.

Dans une année en 5, vous pourriez faire de multiples expériences, (faciles ou difficiles), mais qui vous permettront de faire des choix pour la suite, de déterminer ce que vous voulez vraiment, ou ce que vous êtes réellement capable de faire.

La Balance en vibration 4 dans l'année 2021 :

La vibration 4 vous convient si vous êtes une personne déjà « équilibrée ». En effet, le fait d'avoir des règles définies, des lois concrètes et respectées par tous, une équité en tout domaine, des émotions stabilisées, vous permettront de ne pas trop vous disperser au cours de l'année. Si vous n'avez pas encore trouvé votre stabilité personnelle, de multiples évènements pourraient se produire sur le chemin de votre année, pour vous « forcer » à mettre en route votre discernement, votre jugement, et savoir ce que vous voulez vraiment. Ce n'est peut-être pas toujours facile à vivre selon ce qu'il se produit, mais cela apportera un changement radical qui vous permettra d'évoluer de manière certaine. Vous saurez aussi instinctivement ce qui est bon pour vous ou pas, la voie que vous devez emprunter, celle qui vous convient parfaitement. Ainsi, il ne devrait pas y avoir de doutes, ni d'hésitations. Vos choix seront déterminants tout au long de l'année. Autant les choix à court terme que ceux à long terme. Alors prenez le temps de réfléchir à tous les paramètres. Votre plus grand défaut cette année, serait de vous laisser tenter par de belles choses, ou encore de céder à tout ce qui semblerait plus simple, plus facile... votre avantage, tout se débloque plus rapidement. La vibration 4 pour vous, c'est aussi d'expérimenter la cohérence entre le mental et le concret. Si les deux restent cohérents le plus possible, vous pourriez d'ailleurs réaliser de grands projets, ou poser la base de ce que sera votre avenir ! Le 4 vous apportera du courage et de la persévérance. Son énergie saura vous stopper quand c'est nécessaire pour prendre le temps de réfléchir, ou pour vous permettre de vous rendre compte si vous empruntez une mauvaise voie.

Côté cœur et relationnel, le 4 vous donne de l'aplomb. Vous serez face à vos responsabilités. Vous pourrez en renforcer certaines et assumerez votre place auprès des autres, mais vous pourrez aussi lâcher du lest si vous avez tendance à toujours tout gérer. Cela vous dégagera du temps pour vous. Cette année, vous serez dans la recherche de votre bien-être. Il est possible que vous fassiez une rencontre inattendue qui pourra vous apporter la stabilité que vous recherchez. D'autres auront peut-être l'occasion de rencontrer de nouvelles personnes avec lesquelles ils pourront travailler.

Côté budget, attention aux dépenses imprévues, mais surtout aux tendances compulsives. Vous dépensez principalement pour apporter un souffle nouveau dans votre déco, ou pour le logement (travaux, rénovations etc...)

Je vous invite à suivre l'évolution de votre vibration personnelle tout au long de l'année, mois par mois, associée à l'astrologie de votre signe. Rendez-vous page 61

La Vibration personnelle 5 en 2021

Généralités

La vibration personnelle 5 sera pleinement alignée sur celle de l'année 2021 en 5 également. Comme nous l'avons décrit dans le chapitre sur la numérologie de l'année, c'est une vibration de liberté, de découvertes, de chances, de déblocages, d'évolutions, de surprises, de mouvements, etc.

Mais attention, c'est aussi de multiples tentations, des prises de risques, de la nervosité, de la frustration, les risques d'addiction….

Il est possible que vous surfiez sur la vague de l'année en vous adaptant facilement, en étant flexible, en prenant ce qui vient … comme il est possible que vous soyez secoué, délogé de votre zone de confort, poussé à bout …

Vous pouvez vous attendre à tout au cours de l'année, en bien comme en mal. Mais j'attire votre attention que tout ceci est dans un but de changements, de transformations et d'évolution. Et ce qui peut parfois apparaître comme « mal » ou difficile, l'est dans l'immédiat, mais pas forcément à long terme.

C'est également une double vibration qui peut vous sortir des chantiers battus, mais aussi de la réalité. Beaucoup d'idées, d'intuitions, de rêves fous, que vous souhaitez réaliser mais qui ne sont concrètement pas possibles, ou très peu. Vous risquez de ne jamais atteindre vraiment les buts fixés. Le 5 conduit aussi à la dispersion, et avec la curiosité que vous allez déployer cette année, il y a de fortes chances que vous vous perdiez en route. Vous voulez tout faire, tout voir, tout comprendre, mais sans jamais rien approfondir. Remarquez que ces multiples expériences peuvent vous permettre de faire des découvertes différentes, et dans l'une d'elle se trouvera peut-être celle que vous voulez vraiment faire... En ce sens, certains d'entre vous trouveront leur « voie » cette année.

Aussi, il vous est conseiller de ne rien vraiment entamer de « durable » pour le moment, de ne pas vous borner à un but précis, mais de vous laisser aller à vivre le moment présent et les expériences afin de déterminer votre ou vos choix par la suite.

Si vous étiez bloqué depuis un moment, ou si vous ne pouviez voir comment agir véritablement, l'énergie personnelle 5 vous entraînera sur une vibration particulière dans laquelle les solutions apparaissent comme des évidences. Plus vous serez connecté à l'énergie du cœur, plus cela se fera facilement. Vous devriez avoir beaucoup de « signes » concrets que vous ne pourrez pas rater.

Vous ressentirez très fort ce besoin d'avancer, de transformer, de bouger. L'avantage c'est donc, que vous devriez pouvoir le faire. Vous aurez l'occasion de tourner des pages, de revoir vos acquis et vos croyances, de faire du tri en vous mais aussi autour de vous… bref de modifier absolument tout ce que vous voulez dans votre vie. Pour certains d'entre vous, ce peut être juste un domaine de leur vie (sentimental par exemple, mais qui changera l'ambiance générale de leur vie), pour d'autres, ce peut être la totale (sentimental + travail + lieu de vie etc…) .De nombreuses portes peuvent s'ouvrir, vous offrant de la diversité mais surtout de la nouveauté, notamment au niveau des rencontres que vous pourriez faire. L'important pour vous est de ne pas vous laisser emporter dans le 5, qui peut vous rendre impatient, inattentif, dispersé, voir grincheux …

La vibration 5, c'est aussi une ouverture de cœur, la générosité, la joie et l'enthousiasme naturel. Des qualités que vous vous devez de communiquer et répandre autour de vous. Vous serez comme une bouffée d'air frais pour les autres.

Dans l'ensemble, rappelez-vous qu'un 5 avance sans cesse, et qu'il avancera encore plus vite en 2021. Vous pourrez tout au long de l'année, avoir la sensation de ne rien contrôler, de prendre une direction et de vous retrouver dans une autre… Et ceci sera d'autant plus « vrai » pour les personnes en vibration 5 ayant découvert le nombre 14 dans leur calcul *(si la somme de vos chiffres de naissance donne le nombre 14)*. Le nombre 14 étant considéré comme nombre karmique, il demande un effort de guérison et de stabilisation intérieure (c'est la lame de Tempérance dans le tarot). Typique des personnes qui veulent des choses et qui ont du mal à accepter que tout ne se déroule pas comme prévu. Vous aurez alors un double travail d'acceptation et d'adaptation.

La Balance en vibration 5 dans l'année 2021 :

Difficile pour une Balance de trouver un équilibre dans une année aussi mouvante. D'autant plus que vous avez deux fois l'énergie de la vibration 5... le 5 d'un côté, le 5 de l'autre... entre les deux, le cœur balance... Vous pourriez être une vraie girouette au cours de l'année, en changeant d'avis, de projets, de concepts, de relations, de travail, de logement ... Vos connaissances et vos croyances peuvent aussi être à réétudier ... Il faudra vous accrocher pour ne pas perdre pieds, et surtout ne pas vous perdre dans les multiples évènements de l'année, ou les diverses expériences que vous pourriez faire. Toutefois votre curiosité sera assouvie. Vous allez découvrir des tas de choses nouvelles qui porteront votre conscience vers le haut. À la base, vous aimez être stable, mais quand la stabilité est trop installée, vous ne trouvez plus d'intérêts... l'énergie 5 de l'année va vous sortir de votre zone de confort, certes, mais vous permettra aussi de trouver un nouvel équilibre au final, dans une situation plus évoluée. Une année qui vous proposera plus de rencontres, plus de partages, de déplacements, d'apprentissages... C'est finalement dans cet élan que vous vous sentirez davantage utile. Une année qui vous propose aussi de vous détacher de l'ancien, de tourner définitivement une page, notamment sur votre propre comportement, mais aussi sur certaines certitudes que vous pourriez avoir. Pour cela, vous devrez peut-être vous éloigner géographiquement, changer de travail ... mais si vous suivez la vague, que vous restez confiant et ouvert, alors que aurez l'occasion de laisser entrer dans votre vie plein de nouvelles choses...

La vibration 5 peut aussi accélérer votre manière de penser, la rendre plus instinctive et intuitive que cartésienne, plus franche qu'hésitante. Vous démarrez et réagissez au quart de tour.

Côté cœur et relationnel, vous pourriez en déstabiliser plus d'un. On aura parfois du mal à vous comprendre ou à vous suivre. D'un côté votre attitude « sûr de vous » rassura certains, d'un autre côté, vos changements d'avis brusques seront déconcertants... Par contre, vous êtes très communiquant, charismatiques, ouvert à toutes nouvelles rencontres !

Côté budget, vous pourriez succomber à des achats compulsifs. Vous devrez peut-être laisser passer quelques jours avant d'acheter ce qui semble vous faire envie ... cela vous évitera de dilapider votre porte-monnaie...

Je vous invite à suivre l'évolution de votre vibration personnelle tout au long de l'année, mois par mois, associée à l'astrologie de votre signe. Rendez-vous page 61

La Vibration personnelle 6 en 2021

Généralités

La vibration 6 est généralement liée au domaine social, aux rapports que l'on entretient avec les autres, mais aussi de la « place » que l'on occupe dans notre environnement proche. Cette « place » que l'on occupe contient également l'impact que nous avons sur les autres. La vibration 6, c'est un peu : Comment nous mettons en pratique ou exprimons tout ce que l'on a appris, ou tout ce que l'on « est ». C'est donc une vibration très vaste qui peut agir sur vous sur plusieurs domaines : le langage, le geste, la responsabilisation, la gestion des émotions, la créativité, etc. Elle peut se manifester principalement dans le cercle familial mais aussi avec les amis ou dans votre rapport aux autres dans votre environnement de travail.

Gardez en tête qu'avec la vibration personnelle 6, tout « travail intérieur » ou tout changement dans un domaine de vie à tendance à se répercuter autour de vous. Cela peut vous aider à vous transformer énormément et en profondeur. La vibration 5 de l'année est, elle aussi, orientée vers l'évolution par la transformation. Ces deux vibrations associées (6 et 5) vous apportent la possibilité d'élargir votre conscience, prendre conscience de votre propre comportement ou de l'ensemble de votre situation actuelle et de changer ce qui ne vous correspond pas réellement. Pour certains, il s'agira d'être « plus ceci », et pour d'autres, d'être « moins cela ». Vous l'aurez compris, il s'agira pour vous de vous « réajuster » par rapport à l'ensemble dans lequel vous évoluez chaque jour.

Une des choses importantes de la vibration personnelle 6, surtout associée à l'énergie 5 de l'année, est l'apprentissage, ou le ré-ajustage du « don de soi ». Le don de soi n'est pas facile à réaliser, ou à équilibrer. Souvent, on en restreint la compréhension à : savoir donner sans rien attendre en retour. Mais la notion de don de soi, pour être juste, ne doit pas non plus vous « léser ». Par exemple : aider sans faire à la place de ; ne pas se laisser abuser ; ne pas tout supporter ; ne pas influencer dans une intention personnelle ; savoir écouter et comprendre etc. Le don de soi contient donc cette notion importante de respect de l'autre tout en se respectant soi-même.

Quelque part, la vibration 6 implique de ne pas dépendre des autres et de ne pas rendre les autres dépendants de vous. Il est nécessaire de pouvoir garder ou retrouver une forme de liberté au sein du groupe dans lequel vous êtes. Le but étant de pouvoir être vous-même, libre d'agir et de penser, et de pouvoir apporter au groupe les différentes qualités que vous possédez tout en respectant les autres dans leur manière de penser et des capacités qu'ils ont. Plus un groupe s'enrichit des capacités que chacun apporte, plus l'harmonie est possible, et plus le groupe évolue plus vite et ensemble. (Chacun apporte sa pierre à l'édifice, si vous préférez).

Comme je vous le disais au début, la vibration 6 n'est pas toujours une mince affaire. Elle implique beaucoup de remises en question sur soi.

La Balance en vibration 6 dans l'année 2021 :

Un natif de la Balance dans la vibration 6, c'est une très bonne chose même si ce n'est pas toujours une mince affaire. En effet, le 6 va vous permettre de vous exprimer, d'être à votre plein potentiel dans l'écoute, l'application, la justesse... et avec le 5 de l'année, vous vous sentirez libre d'agir dans le domaine que vous privilégiez le plus. Mais si vous êtes un natif de la Balance pas très équilibré au départ, vous allez avoir de multiples expériences qui pourraient vous confronter à revoir votre manière de penser, d'agir, notamment avec les autres. Certains feront face aux conséquences de leurs actes, pendant que d'autres tenteront de fuir par tous les moyens. Il est vrai qu'à la base, vous n'aimez pas les conflits. Vous aurez toutefois à cœur de chercher et d'établir l'harmonie autour de vous avec une certaine joie d'ailleurs. Vous appréciez notamment de passer de bons moments dans l'instant présent avec les personnes qui vous sont chères.

Certaines de vos habitudes et de vos croyances pourraient évoluer fortement au cours de l'année, principalement au contact de nouvelles personnes qui pourraient ouvrir votre vision de voir de certaines choses. Si vous avez tendance à vous conformer dans une zone de confort, vous pourriez aussi être confronté à des évènements et des comportements qui vous poussent dans les extrêmes. Il faudra rapidement retrouver une sorte d'équilibre. Il faudra avoir conscience que vous ne pouvez pas revenir en arrière, et qu'il est dans votre intérêt de plutôt chercher des solutions dans ce qui se présente et de vous adapter le plus rapidement possible pour « suivre le courant ».

L'énergie de la vibration personnelle 6, vous fera vivre des expériences auprès des autres qui vous permettront de connaître vos limites, vos agissements, ce que vous faites pour les autres, et comment trouver de la place et du temps pour faire des choses pour vous. Cela peut se manifester autant dans votre vie personnelle que relationnelle avec vos amis ou vos collègues de travail. Vous pouvez continuer à aider les autres ou les conseiller mais sans vous impliquer totalement, c'est-à-dire sans vous surcharger de responsabilités supplémentaires. Vous pourrez aussi pleinement vous consacrer à vos propres responsabilités et développer votre âme créative.

Certains d'entre vous, ayant un besoin profond de trouver cet équilibre intérieur, sont finalement dépendants des personnes qui les entourent. Vous attendez d'eux, qu'ils comblent vos manques. Si c'est votre cas (consciemment ou inconsciemment), cette année vous obligera à comprendre que vous avez assez de ressources en vous pour combler vous-même ces besoins qui vous rendent dépendants. Vous allez donc vivre une sorte de « détachement », mais en même temps un « renforcement » de votre être, qui vous rendra plus fort, plus sûr de vous, plus confiant. Et vous finirez par trouver un nouvel équilibre intérieur. Vous découvrirez une nouvelle liberté !

Côté cœur et relationnel, La vibration 5 de l'année pourrait vous rendre facilement changeant, hésitant, voir influençable. Surtout lorsqu'il s'agit de prendre des décisions qui concernent l'ensemble de votre petite communauté. Vous pourriez aussi avoir des sauts d'humeurs déstabilisant pour les autres. Soyez-en conscient et n'agissez pas (ou ne réagissez pas) trop vite ! On appréciera votre enthousiasme naturel, votre soutien, votre qualité d'écoute, et votre capacité à adoucir les choses autour de vous.

Côté budget, tout ce qui brille n'est pas or... attention aux achats compulsifs. Vous êtes attiré par la nouveauté, la technologie, et la beauté. Se faire plaisir, oui, mais voyez d'abord si vous en avez vraiment besoin !

Je vous invite à suivre l'évolution de votre vibration personnelle tout au long de l'année, mois par mois, associée à l'astrologie de votre signe. Rendez-vous page 61

La Vibration personnelle 7 en 2021

Généralités :

La vibration personnelle 7 marque la fin d'une période. Ce n'est peut-être pas encore l'accomplissement final, mais c'est l'occasion de faire des premiers bilans, d'y voir plus clair, de décider ce qui va et ce qui ne va plus. Liée à l'intelligence, la connaissance, la foi, et l'ouverture de conscience, c'est une vibration qui permet d'ouvrir l'esprit et de se reconnecter à ses intuitions profondes. Ces notions seront fortement développées d'autant plus que l'année 2021 est en vibration 5. Le 5 accentue les choses en les rendant plus évidentes, participe à l'ouverture de conscience et oriente celle-ci vers la foi et la confiance que l'on se porte.

L'ensemble de ces deux vibrations (7 et 5) permettent de comprendre parfois sous d'autres angles, de s'ouvrir à une spiritualité différente. Elles permettent aussi de mettre en application rapidement ce qui est appris. On pense et on expérimente dans la foulée. Ce qui peut être très pratique si vous jugez bon de modifier l'orientation prise par certains projets par exemple.

Avec les vibrations 7 et 5, vous pourriez être intéressé par tout ce qui est nouveau, mais surtout dans les technologies. Notamment tout ce qui peut faciliter vos tâches quotidiennes. Côté budget, vous pourriez décider de changer votre véhicule pour en prendre un avec davantage d'options de sécurité ou de la technologie embarquée (*ce n'est qu'un exemple*).

Côté mental et intellectuel, cette année pourrait vous présenter de nouveaux centres d'intérêts que vous aurez hâte de découvrir en profondeur ou de partager vos trouvailles en communiquant avec d'autres qui ont les mêmes centres d'intérêts que vous. Tous vos échanges doivent vous apporter quelque chose, sinon vous n'y voyez pas d'intérêt... Certains d'entre vous pourraient découvrir tant de choses qu'ils n'auront pas le loisir de les approfondir totalement. Il faudra alors vous centrer sur un sujet, sans vous laisser distraire facilement.

D'ailleurs la distraction est sans doute l'un de vos défis de l'année. Une année qui doit vous apprendre à rester concentré malgré les remous environnant, à agir avec intelligence au lieu d'agir dans la précipitation, à faire fonctionner votre discernement rapidement.

Vous pourriez aussi être confronté à certaines « réalités ». Des réalités dont vous allez prendre conscience et connaissance. La quête de la vérité sera importante pour vous. Avec l'énergie 5 de l'année, il est possible que vous appreniez sur le tas. Et pour cela, vous allez sans doute devoir modifier certaines de vos croyances de départ. Remodeler, ou balayer certains acquis qui vous ont été enseignés. Vous vous tournerez davantage vers des personnes qui sont sur les mêmes pistes de réflexion que vous.

Les énergies 7 et 5 vont également tester la foi et la confiance que vous vous portez. Des choix, des bilans, des réflexions, sur lesquels vous allez vous questionner, ou être mis à l'épreuve. Cela peut aussi demander que vos pensées, croyances, et connaissances soient alignés avec le cœur. Ce que vous ressentez correspond-il à ce que vous voyez ? Ce que vous vivez est-il en accord avec ce que vous pensez ? êtes-vous logique avec vous-même ?

Vous aurez dans l'ensemble une bonne communication. Et si vous êtes dans l'enseignement, vous saurez transmettre vos connaissances avec beaucoup de clarté, de fantaisie, et surtout la joie de le faire. Vos idées passent bien et seront même appréciées pour les côtés raisonnées, sensibles, visionnaires…

Pour quelques-uns d'entre vous cependant, la vibration 7 peut être synonyme de renfermement ou d'isolement. Et avec le 5 de l'année, vous êtes plutôt perché dans la spiritualité, à vous poser mille questions et à tenter de comprendre ce qui arrive.

Ces deux vibrations donnent la capacité de trouver des solutions à peu près à tout. Il suffit juste de vous poser deux minutes, de surtout vous faire confiance, et des évidences apparaissent, un peu comme des illuminations.

Il sera important de faire la différence entre voix de l'égo et voix intérieure authentique. Vous entendrez (ou découvrirez) peut-être des choses qui sont à l'encontre de tout ce que vous avez appris, qui sont contraires à vos habitudes. Ce peut être l'année des révélations pour vous !

La vibration 7 porte en elle, une énergie de perfection, ou encore de finalité, comme je vous le disais plus haut. Il s'agit en fait d'atteindre un certain niveau puis d'être capable de le dépasser. D'être capable de tout remettre en question si cela est nécessaire, ou encore de faire un bilan de vos situations actuelles afin de voir si vous pouvez continuer dans une voie, ou si une réorientation ne serait pas nécessaire. C'est aussi l'occasion d'avoir de fortes intuitions et de nouvelles idées que vous pourriez inclure dans votre vie, ou dans vos projets, qui leur permettront alors d'évoluer.

Surtout si vous avez atteint un stade dans lequel vous sentez que vous arrivez à une finalité, voir une impasse.

Au niveau sentimental, la vibration 7 n'est pas vraiment une vibration de rencontres passionnées. Par contre, elle peut vous permettre de rencontrer des personnes qui sont ouvertes d'esprit, qui sont dans la « recherche » comme vous, qui s'intéressent davantage à l'intelligence qu'au physique et surtout avec lesquelles vous pouvez parler de vous, de vos émotions, de vos connaissances, de vos points de vue …

La vibration personnelle 7 issue du nombre 16 :

Si votre vibration personnelle est obtenue après avoir révélé le nombre 16, vous serez dans ce que l'on appelle une année karmique. Cela signifie que les caractéristiques de la vibration 7 seront plus accentuées, ou plus ressenties. Il vous sera demandé plus précisément de porter votre conscience sur votre place dans le monde qui vous entoure. C'est principalement en observant les autres, ou en vous observant en interaction avec les autres, que vous comprendrez ce que vous devez modifier en vous, ou quelles sont les croyances que vous devez remettre en question. Vous pourriez vous sentir facilement rejeté par les autres au cours de l'année. Cela pour vous isoler davantage et réfléchir vraiment sur vous-même et sur vos actions. La dette 16 liée au karma se rapporte beaucoup aux mensonges ou encore aux trahisons qui auraient pu être commis. Les autres ayant perdu en quelque sorte confiance en vous, c'est à vous maintenant de prouver que vous êtes digne de confiance et que vous pouvez changer certaines choses, ou encore que vous n'êtes plus la même personne qu'autrefois et que vous avez évolué.

La Balance en vibration 7 dans l'année 2021 :

Un mélange d'intellect et de spiritualité qui vous conviendra très bien cette année. Vous allez probablement remettre en question vos croyances et vos connaissances ; certaines ont besoin d'une sérieuse mise à jour. Vous pourriez chercher des renseignements sur tout et partout à la fois. Vous voulez bien croire en des choses, mais à partir du moment où vous trouvez des connaissances solides à leur sujet. Il n'y a pas que les recherches ou les découvertes qui vous attirent mais également la notion de vérité. Vous allez croiser les informations, élargir vos recherches et connaissances, en tirer vos propres conclusions et comprendre ce qui semble juste pour vous. L'important est que vous y trouviez une nouvelle stabilité et pourquoi pas de nouvelles raisons de vivre. C'est l'occasion également de faire un bilan de votre situation actuelle afin de voir si une réorientation dans certains domaines de votre vie ne serait pas nécessaires.

Vous avez toutes les capacités, mentales, physiques et émotionnelles pour accomplir les changements que vous désirez à condition d'y avoir bien réfléchi et de ne pas vous laisser emporter n'importe comment.

Cette année vous fera travailler la foi et la confiance que vous vous portez à vous-même. Il faudra faire confiance en vos intuitions et ressentis intérieurs, et toujours aligner vos pensées et convictions avec vos actions. La vibration 7 vous rendra plus sûr de vous et moins hésitant. Les décisions seront prises parfois rapidement mais avec clarté, et parfois après analyse mais en pleine conscience.

Côté cœur et relationnel, vous n'avez pas l'intention de vous laisser embarquer dans une relation sans lendemain. Vous recherchez une personne mûre d'esprit, intelligente, qui partage vos convictions, avec laquelle vous pouvez échanger et partager. En ce sens, une rencontre surprenante pourrait se produire. Vous risquez d'être exigeant mais c'est surtout parce que vous souhaitez du solide, et une personne rassurante. Vous-même serez rassurant par une capacité à vous exprimer claire et solide. Vos arguments sont recherchés. Vous pourriez parfois paraître rigide ou trop strict aux yeux des autres. Mais votre qualité de jugement est telle qu'on ne vous le reprochera pas.

Côté budget, attention aux dépenses superflues et luxueuse. Vous pourriez dépenser plus que vous ne le pouvez réellement. Et méfiez-vous aussi de tout ce qui pourrait paraître trop beau pour être honnête.

Je vous invite à suivre l'évolution de votre vibration personnelle tout au long de l'année, mois par mois, associée à l'astrologie de votre signe. Rendez-vous page 61

La Vibration personnelle 8 en 2021

Généralités :

La vibration personnelle 8 apporte beaucoup d'énergies. Elle permet à la fois l'action, la gestion, la responsabilisation, la direction et la réalisation concrète ... Elle agit principalement dans la sphère professionnelle mais peut aussi s'exprimer dans la sphère familiale. C'est aussi une énergie rapide, liée à l'intelligence, permettant de se dépasser. On la considère également comme une énergie de transformation. On dit du 8 qu'il est comme le symbole de l'infini. Avec lui, l'énergie doit avant tout circuler et ne jamais stagner si on veut en bénéficier totalement. Ainsi, pour pouvoir profiter de tout ce que cette énergie peut vous apporter, il ne faut pas hésiter à faire du vide, a laisser partir d'anciennes habitudes, a lâcher des croyances, ne pas s'attacher aux acquis. La vibration 8 peut autant vous apporter de l'abondance et une grande ouverture d'esprit qu'elle peut tout vous prendre. En gros, si vous ne faites pas de la place ou si vous n'évoluez pas, l'énergie 8 va vous donner un bon coup de pied aux fesses, et vous faire expérimenter tout ce qui lui sera possible pour que vous lâchiez. Aussi, la vibration 8 peut être vécue de manière extrêmement plaisante ou tomber de très haut. D'autant plus que la vibration 5 de l'année risque de nous balloter dans les extrêmes. Ce peut donc être une année très mouvementée, rapide, dans laquelle il faut vous adapter, savoir saisir les opportunités au vol, tout en les utilisant pour transformer et faire évoluer beaucoup de choses autour de vous. Faites absolument le tri entre ce qui est nécessaire et que vous voulez voir évoluer. Tout ce qui ressemble à de l'accumulation devra être éliminé ou réemployé. L'argent fait partie de ce système ! C'est pourquoi même d'un point de vue financier, vous pouvez utiliser et mettre de côté pour des but précis et même fructifier, mais ne conservez pas juste dans l'idée d'en avoir plus ! L'énergie 8 est capable de fructifier les capitaux destinés à un projet (le projet doit concerner un groupe où la famille, ou un objectif de travail ; il ne doit pas être destiné à un besoin personnel), tout comme elle peut vous faire perdre tout ce que vous avez (si vous cumulez sans but ou si vos projets non pas de bonnes intentions).

La vibration personnelle 8 est aussi liée aux intuitions d'autant plus développées et fréquentes dans une année en 5. Vous pourriez donc avoir de grandes idées cette année qui vous permettront d'élaborer de nouveaux projets ou de réorienter tout ce qui est en cours. Nous n'oublions pas qu'avec le 8, vous avez la capacité d'actions et de réalisations concrètes !

La vibration personnelle 8 vous entraînera aussi dans les notions de justice et d'équité, mais pas qu'envers vous seul. Il s'agit d'être équitable pour tous ; prendre les désirs de chacun en compte; comprendre leurs besoins réels ; découvrir les meilleurs capacités de chacun et leur permettre de les exprimer. Ainsi, par exemple, si vous deviez former une équipe, vous ne mettez pas quelqu'un qui aime cuisiner à la comptabilité, et vous ne mettez pas quelqu'un de solitaire au service des autres… En prenant en compte les capacités et les qualités de chacun, vous êtes capable de tout diriger de manière saine et efficace. Attention toutefois de ne pas tomber dans l'extrême qui devient un abus de pouvoir. En fait, l'énergie 8 doit conduire à créer un monde, une société, une famille, dans lequel chacun fait ce qui lui correspond le plus, exprime et apporte son savoir. En cette année, c'est un peu le rôle que vous avez à jouer.

Avec les énergies des 8 et 5, vous pourriez avoir tendance à n'en faire qu'à votre tête, à dépasser certaines règles ou vouloir en créer de nouvelles. Vous aurez aussi le besoin de connaître les vérités. Vous êtes capable de mener des investigations dans tous les sens possibles d'un sujet. Avec ses deux énergies, votre but principal doit devenir l'évolution. Vous en aurez les possibilités, les capacités et la détermination. Il faudra juste « ne pas perdre le contrôle » de ces énergies puissantes. La vibration 8 permet aux plus timides d'entre vous de prendre de l'assurance, s'affirmer, tenir leurs positions et leurs rôles. Les initiatives sont intelligentes et généralement visibles aux yeux de tous. Les plus fonceurs d'entre vous apprécieront la rapidité des événements mais aussi les résultats (bons ou moins bons) qui arrivent rapidement. Au moins, ils savent très vite à quoi s'en tenir et sauront ainsi ce qu'il faut changer.

La vibration 8 vous entraînera aussi dans vos responsabilités et il sera nécessaire d'assimiler le fait que vos décisions impactent tout votre environnement. Si c'est le domaine du travail qui est touché, vous pourriez soit faire évoluer votre travail et votre position dans celui-ci, soit changer de travail, soit créer votre entreprise. Dans la sphère familiale, il peut s'agir de reprendre en main le budget, de faire de nouveaux projets. Et cette année en 5, il peut s'agir de prévoir simplement des vacances, de réaliser des travaux d'agrandissement ou même de déménager.

La Balance en vibration 8 dans l'année 2021 :

Une vibration personnelle qui va tout amplifier en vous et autour de vous. Ajoutez la vibration 5 de l'année, cela pourrait remuer beaucoup. Cependant, c'est une très bonne chose pour vous permettre de sortir de votre zone de confort, de revoir aux priorités, faire évoluer vos croyances, travailler votre confiance (en vous, en vos idées et intuitions). Mais aussi, votre sens de la justice et de l'équilibre seront sollicités. Il faudra oser changer, transformer ou faire évoluer un maximum de choses de manière à ce que ce soit juste pour vous et pour les autres. Vous devez aussi y trouver un équilibre personnel et être moins dépendants des émotions. Il s'agit d'affirmer votre place, de démontrer vos possibilités, tout en y développant de la joie et du plaisir. Il vous faudra souvent agir pour réfléchir rapidement pour prendre la meilleure décision possible. Pas le temps d'hésiter. Chacun de vos choix vous permettra de vivre une expérience. Chaque expérience vous permettra d'intégrer des leçons. C'est finalement le meilleur moyen d'apprendre de ces éventuelles erreurs. Vous saurez mieux ce qui vous convient à ce que vous devez faire. Cela peut être fatigant et parfois démoralisant selon les expériences, mais vous finirez par être plus justes et plus lucides. Les vibrations 8 et 5 peuvent vous faire expérimenter les différentes facettes d'un même sujet en très peu de temps. Par exemple, vous manquez d'argent et vous touchez une somme inattendue ou, vous aviez mis de l'argent de côté, est une grosse facture arrive. Heureusement pour vous, vous êtes flexible et pouvez, vous adapter rapidement. Les vibrations 8 et 5peuvent aussi vous demander de gérer vos émotions et vos réactions. Parfois, vous avez tendance à exagérer ou à dépasser certaines limites. Il faudra tenter de ne pas vous laisser emporter trop facilement. N'oubliez pas que ce sont des énergies plutôt rapides dont il vaut mieux ne pas perdre le contrôle si on veut en profiter pleinement plutôt que de les subir. D'ailleurs, elles vous apporteront beaucoup de nouvelles idées, certaines bénéfiques et d'autres inutiles. Vous devrez trier celles qui vous permettront réellement d'avancer tant sur le plan concret et matériel que sur le plan mental et spirituel. Beaucoup d'entre vous seront peut-être portés à la notion de justice surtout si vous la ressentez comme bafouée ou si elle crée des inégalités sociales mais aussi économiques.

Côté cœur et relationnel, vous êtes impliqué dans le bien-être des autres mais il est probable que vous deviez faire évoluer certaines croyances liées à votre comportement envers les autres. Vous apparaissez sérieux, conscient et disponible, et votre capacité à prendre des décisions rapides et opportunes seront appréciées. D'autant plus que vos intuitions sont fortes et que si vous leur faites confiance, elles vous guideront toujours vers les bons choix. On aime également votre capacité à gérer vos responsabilités et à répartir équitablement les tâches.

Côté budget, ne vous laissez pas trop flatté et ne succombez pas à tout ce qui brille. Dans les contrats, lisez les petites lettres et n'hésitez pas à modifier certaines choses à votre avantage.

Je vous invite à suivre l'évolution de votre vibration personnelle tout au long de l'année, mois par mois, associée à l'astrologie de votre signe. Rendez-vous page 61

La Vibration personnelle 9 en 2021

Généralités

La vibration personnelle 9 est à la fois une finalité et une ouverture. Tout au long de l'année, vous aurez l'occasion de mettre fin à des situations et d'envisager l'avenir en parallèle. Ce peut aussi être l'occasion d'affirmer ce que vous voulez ou ne voulez plus dans la suite de votre vie. C'est un cap à passer. Vous pouvez clôturer l'ensemble des 8 années précédentes en prouvant par exemple que vous avez appris et compris certaines leçons ... comme vous pouvez repartir en arrière... En ce sens, l'année ne sera pas forcément de tout repos car viendront probablement sur votre route, des épreuves ou des « tests ». Si vous les passez, vous tournerez la page. Si vous faites les mêmes choix ou avez les mêmes attitudes, cela signifie que vos situations vous conviennent et vous recommencerez une période pratiquement identique à celle que vous terminez. Ce n'est pas une fatalité, mais une merveilleuse occasion d'évoluer, d'achever votre transformation et pouvoir enfin croire à nouveau en vos rêves et désirs, et en la vie. Encore une fois, c'est un choix, et vous pouvez accepter de rejouer le même scénario s'il vous convient. Si vous souhaitez avancer, il sera alors important d'être raisonnable et réfléchi tout au long de l'année, ne pas hésiter à lâcher beaucoup de choses, ne pas rester « accroché » au passé, ni à vos connaissances et croyances. C'est alors le moment de réaliser un grand nettoyage en profondeur comme si vous vouliez faire un reset et pouvoir ensuite accueillir le renouveau. Vous remettre à rêver et à espérer vous encouragera à avancer, vous pourrez même faire de grands projets. Il faudra donc passer les « tests » que la vie va vous proposer. De vos actions ou non-actions découleront des choix, permettront de vous éloigner de certaines choses, personnes, situations... Votre mentalité et votre conscience doivent également suivre les actes et les décisions. Pour réussir les « tests », vous devrez être parfaitement alignés (envies, pensées, choix, actions ...)

Mais la vibration personnelle 9, c'est aussi une très grande créativité, beaucoup d'intuitions, de grandes remises en question (sur soi, sur les croyances, sur les connaissances...) Vous aurez donc des périodes d'ouvertures sur le monde avec énormément de curiosité et de découvertes et des périodes d'introspection et de réflexions intenses et intuitives. Ceci devrait vous aider pour votre tâche principale de finalisation et d'évolution globale.

Avec la vibration 9, des chances et des opportunités, ou encore, des solutions que vous trouvez, vous permettront de débloquer et de finir ce qui doit l'être. (Tout comme certaines de ces opportunités peuvent vous permettre d'indiquer que vous souhaitez repartir en arrière...).

Mais la vibration 9 peut aussi être vécue comme une expansion de tout ce qui est en cours. Pratique, si vous ne savez pas exactement ce qui vous devez terminer... tout ce qui « pose problème » dans votre vie, peut vous remonter à la figure. Il est impossible de ne pas voir et comprendre qu'il faut absolument agir maintenant pour en finir totalement avec les casseroles.

L'expansion, c'est aussi celle des sentiments et des émotions qui seront décuplées. Ce peut également être un projet démarré il y a longtemps, qui prend son envol et qui verra enfin un aboutissement. Il peut s'agir d'une société qui s'agrandit ou se transforme, ou encore l'arrivée d'un nouveau membre dans la famille, une ouverture de conscience énorme (un peu comme si on ouvre les yeux pour la première fois).

Vous avez la possibilité de faire évoluer ou aboutir absolument tout ce que vous voulez. Profitez-en ! Les tournures que les choses prennent vous permettront, en allant, de définir plus précisément l'orientation définitive que vous voulez leur donner. Certains d'entre vous découvriront peut-être leur véritable voie, qui ils sont vraiment, quelles sont leurs capacités profondes et leurs aspirations profondes...

La vibration 9 dans l'année en vibration 5 est une aubaine pour vivre et expérimenter beaucoup de choses différentes tout en étant à son plein potentiel et dans une conscience plus grande. Dans l'ensemble, elle vous propose aussi d'apprendre à vous laisser guidé par la vie, vos intuitions, votre instinct, avec foi et confiance. Si vous manquez de foi, de confiance intérieure ou si votre estime personnelle est basse, l'année en vibration 9 vous aidera à en acquérir davantage. Pour cela, il faudra vivre « l'instant présent » et être le plus souvent possible dans la créativité. Notez que « comme l'appétit vient en mangeant, l'inspiration vient en créant ». Vous pouvez créer votre vie, vous pouvez créer le monde. Vous serez d'ailleurs très attirés ou vous sentirez concerné par tout ce qui passe ailleurs. Ce peut également être une source d'inspiration ou l'occasion de rencontrer des gens de cultures et d'habitudes différentes desquelles vous apprendrez beaucoup.

Pour quelques-uns d'entre vous, le 9 et le 5 peuvent être synonymes d'un voyage dans un pays lointain ou un déménagement dans un endroit assez éloigné de votre position actuelle.

Une année qui, dans l'ensemble, vous permet de vous libérer, de grandir, de vous aligner à vos convictions et aspirations profondes, et de vous ouvrir à de nouvelles possibilités. Votre plus grand challenge serait de ne pas reproduire les erreurs ou les choix passés si vous souhaitez évoluer dans votre vie. Un autre challenge est de ne pas non plus vous sentir investit d'une mission particulière.

La Balance en vibration 9 dans l'année 2021 :

Une vibration personnelle qui pourrait tester votre équilibre personnel ou vous mettre en équilibre sur plusieurs niveaux. Ceci peut être vécu de manière mouvementée mais vous permettra de comprendre exactement où vous en êtes afin que vous repartiez dans un autre cycle plus en harmonie avec vous-même. Ainsi, l'année peut vous proposer de multiples situations à choix. Des choix à prendre en pleine conscience en ayant une vision globale de choses. Il vous faudra sans doute souvent mettre l'égo de côté afin que vous puissiez être juste et équitable pour tous, même pour vous-même. Vous découvrirez alors qu'habituellement vous avez des habitudes qui ne conviennent pas, ou qui font que vous cherchez toujours à rééquilibrer votre zone de confort actuelle. Vous pourrez vous réadapter progressivement tout au long de l'année, aux changements qui peuvent arriver. Il faut dire que vous aimez votre zone de confort (si elle est équilibrée et que vous êtes « bien » dedans), mais quand les choses deviennent routine et trop « plan plan », bonjour l'ennui... Vous comprendrez (même si c'est parfois difficile à envisager ou à vivre) que parfois il faut casser certains équilibres ou routines pour pouvoir faire évoluer des situations, des relations, ou simplement se permettre de progresser soi-même. Une fois fait, vous aurez à cœur d'établir un autre équilibre avec une nouvelle manière de vivre, une nouvelle philosophie ... En même temps, cela vous permettra de ne pas vous ennuyer, de reprendre davantage de confiance en vous et foi en l'avenir, même si au début, les choses ne vous paraitront pas évidentes. Et qui d'autre qu'un natif de la Balance est capable de faire tout cela au mieux !

Votre sens de la justice sera aussi très développé avec un attrait particulier pour remédier aux inégalités. Vous aurez aussi à cœur votre liberté et votre indépendance qui seront un moteur de votre année. Certains d'entre vous ont besoin de s'émanciper, de prendre leur envol, d'autres de simplement pouvoir prendre l'air de temps en temps. Vous aurez alors le loisir de vous reconnecter à vos besoins profonds ou à vos aspirations. Et ce sera le bon moment pour reprendre du temps pour vous et faire ce que vous aimez. Vous aurez le temps et l'envie de vous préparer à cette nouvelle phase de vie, cette nouvelle zone de confort que vous souhaitez. D'ailleurs, dans toutes les expériences que vous aurez, vous comprendrez ce que vous voulez et ce que vous ne voulez plus. Et ce dont vous ne voulez plus, il faudra vous en détacher sans regrets.

Dans l'ensemble, cette année devrait vous conduire vers un élargissement de conscience et des transformations comportementales. C'est comme une renaissance qui se prépare.

Côté cœur et relationnel, vous saurez prendre de la distance avec certaines personnes notamment pour leur montrer que vous êtes un être libre et indépendant. Cependant, en parallèle, vous savez être présent quand il le faut. On appréciera vos qualités de jugement et vos avis censés, sérieux, et vos conseils avisés, qui peuvent permettre aux autres d'évoluer aussi.

Côté budget, vous pourriez céder à quelques tentations qui feront balancer votre budget en cours d'année. Cependant, l'aspect matériel ne semble pas le plus important pour vous cette année. Alors faites-vous plaisir de temps en temps !

Je vous invite à suivre l'évolution de votre vibration personnelle tout au long de l'année, mois par mois, associée à l'astrologie de votre signe. Rendez-vous page 61

La Balance et l'astrologie dans l'année

Les influences énergétiques planétaires agissent sur l'ensemble des êtres de manière globale. Mais pour chacun des signes astrologiques, elles peuvent se faire plus ou moins ressentir. Les différents passages des planètes dites rapides et personnelles (lune, soleil, mercure, venus), permettent de mieux comprendre les énergies qui vous entourent, les élans ou les freins que vous avez à des moments plus précis. Avoir connaissance de ces énergies peut vous aider à déterminer des périodes propices pour réaliser certaines choses, et vous prévenir des périodes plus délicates. En ayant conscience de ces énergies, vous pouvez aussi décider de les utiliser pour vous-même, pour vous aider dans votre évolution personnelle.

Dans cette partie, nous allons déterminer les différentes influences que vous avez pour l'ensemble de l'année (votre toile de fond), en l'associant aux différentes caractéristiques de votre signe astrologique et à l'énergie 5 de l'année 2021.

Votre toile de fond et les tendances comportementales de votre signe astrologique : l'influence des planètes éloignées

La toile de fond correspond aux positions des grandes planètes au cours de l'année et de l'influence qu'elles auront sur votre signe astrologique de manière générale. En fonction de ces influences, on peut envisager quelles seront vos tendances réactionnelles.

Notez que votre toile de fond vient s'inclure dans la grande toile de fond de l'année qui concerne tout le monde et dans laquelle nous allons devoir tous évoluer.

Les passages de Saturne et de Jupiter dans le signe du Verseau à la fin de 2020 est de bonne augure pour les natifs de votre signe. Bien que ces deux planètes seront encore en conjonction avec Pluton dans le début de l'année 2021, on peut dire qu'elles ne sont plus en « carré » par rapport à votre signe astrologique, mais en trigone. Ce sont les natifs du 1er décan qui ressentiront davantage ou plus rapidement le changement, mais les autres décans en bénéficient aussi. Au cours de l'année, Jupiter va transiter les 3 décans et Saturne, les 2 premiers. Jupiter et Saturne entrent dans un signe de l'élément air, en harmonie avec le vôtre. Un signe fixe, qui vous permettra de bénéficier de leurs énergies de manière constante. Nous verrons leurs actions et possibilités sur vous dans les paragraphes qui vont suivre.

L'influence de Pluton

Et oui, ne vous faites pas trop d'illusions, mais Pluton reste encore dans le signe du Capricorne durant toute l'année 2021. Il est donc en « carré » à votre signe astrologique et bien que son action concerne l'ensemble des natifs de votre signe, il est possible que les natifs du 3ème décan le ressentent davantage. Pluton en Capricorne, c'est une force de destruction ou de transformations radicales dans le monde concret et matériel. Il bouleverse les habitudes, la santé, les croyances, les connaissances … bref, tout ce qui fait notre quotidien. À un niveau personnel, il vous donne suffisamment d'élans pour être l'acteur de ces transformations. Vous pouvez subir son énergie mais dites-vous toujours que vous pouvez aussi « l'utiliser ». Même s'il y a toujours une part d'inconnue ou d'évènements incontrôlables, vous avez normalement suffisamment de ressources pour retrouver un équilibre rapidement. Pluton dans le Capricorne peut aussi exiger de vous : des ouvertures d'esprit et de conscience, de vous ouvrir à la réalité, en voyant les choses telles qu'elles sont vraiment et non pas, comme vous voudriez les voir. Il vous incite à vous remettre en question, à couper des liens du passé, à boucler des choses laissées en suspens, à passer à autre chose… que vous le vouliez ou non. En le sachant, il ne sert pas à grand-chose de lutter, sinon vous « voyagez » contre-courant et les évènements sont alors souvent subis et difficiles. L'acceptation de ce qui est, doit vous permettre d'aller plus loin, de « jouer » le jeu, et d'oser aller vers l'inconnu. Pluton vous transmet parfois des sentiments d'insécurités, ou peut faire remonter des peurs. Les reconnaître peut vous aider à évoluer intérieurement, à devenir plus fort et surtout plus équilibré.

L'influence de Neptune

Neptune, astre des intuitions, des rêves et/ou des illusions, se trouve toujours dans le signe des Poissons en 2021. Il n'a pas vraiment d'impact particulier sur vous. En tout cas, pas directement. Vous recevez ses énergies de manière générale, et ce sont les différentes configurations que les autres planètes vont former avec lui en cours d'année qui teinteront ses énergies envers vous. Néanmoins, on peut quand même noter le sextile que Neptune forme avec Pluton. Ce n'est pas d'aujourd'hui car ce sextile est exceptionnellement long dans le temps. Mais depuis 2012, ces deux planètes sont en Capricorne et en Poissons. On pourrait dire qu'elles agissent sur vous, en vous permettant de « détruire » l'ancien pour reconstruire en fonction de vos rêves, envies et désirs.

L'influence d'Uranus

Uranus est toujours dans le signe du Taureau en 2021. En cours d'année, il passera dans le 2ème décan du Taureau. Tout comme Neptune, Uranus n'a pas d'impacts directs sur vous. Cependant, vous avez un point commun avec le Taureau : Vénus. On peut donc considérer qu'Uranus bouleverse en vous des émotions. Il est possible que vos relations changent, que de nouvelles rencontres se produisent. Votre envie de liberté et d'indépendance est aussi renforcée. Certains d'entre vous pourraient avoir des difficultés à accepter les limites et les contraintes, à ressentir de l'injustice, ou à l'inverse, vouloir instaurer vos nouvelles normes et même les imposer aux autres. Tout comme pour Neptune, ce seront les configurations qu'Uranus va former avec les autres astres qui auront des impacts plus précis sur votre signe astrologique. Notez tout de même, que dans votre toile de fond, vous devriez ressentir assez fortement les carrés qu'Uranus va former avec Saturne (toute l'année) et avec Jupiter (dans le début d'année). Des carrés très actifs qui auront tendance à vous booster, à agir rapidement, à devoir décider rapidement face à des évènements soudains et inattendus et qui peuvent bouleverser vos croyances et connaissances de manière contradictoire par rapport à ce que vous savez pour le moment.

L'influence de Saturne

Saturne est maintenant dans le signe du Verseau. Il va peu à peu relâcher son influence sur Pluton (fin de la conjonction Saturne-Pluton, le 6 février). Saturne est en trigone par rapport à votre signe astrologique. Il va participer à une ouverture de conscience importante, tout en vous mettant « face » à la réalité. Vous allez bénéficier de sa rigueur, de son esprit pratique et analytique. Un bon point pour vous permettre de faire des choix conscients, en prenant en considération les différentes possibilités qui s'ouvrent devant vous. Il vous met face à ce qui « est » vraiment autour de vous, mais aussi « en vous ». Vous allez ainsi pouvoir analyser et comprendre vos propres comportements. Il vous permet de voir clair et comprendre en profondeur. Ce Saturne en Verseau est en fait très lucide. Saturne en Verseau vous permet aussi d'apprendre de nouvelles choses, de vous créer de nouvelles bases de connaissances. Il peut aussi vous transmettre l'envie de réformer tout ce que vous avez « trouvé » qui ne fonctionne pas, ou que vous ne voulez plus. En gros, pour la plupart d'entre vous, même si vous êtes encore dans la transformation avec Pluton, vous êtes en même temps dans la pensée de reconstruire.

Saturne peut vous apporter une stabilité mentale. Il peut aussi vous intérioriser davantage. Attention toutefois aux extrêmes ! en effet, ce Saturne peut vous rendre instable émotionnellement, surtout si les choses ne prennent pas les tournures souhaitées, ou qu'elles changent sans cesse, vous serez alors « grognons ». Il pourrait vous conduire dans une fatigue mentale et nerveuse. Notez également qu'il va renforcer votre envie de tout « bien faire ». C'est votre côté idéaliste et le besoin de paraître « parfait » qui seront visés. Ainsi, ce Saturne en Verseau va travailler votre égo. Si vous semblez savoir faire la part des choses plus facilement, il semblerait qu'en contrepartie, vos jugements et vos prises de décisions soient radicales et définitives. On ne vous fera pas changer d'avis facilement. Soyez conscient de cet entêtement que peut développer Saturne en vous, afin de ne pas subir les éventuelles conséquences de cette attitude par la suite. Une stabilité mentale qui ne doit pas devenir une fixation non plus...

En 2021, Saturne va former un long carré avec Uranus. Un conflit entre deux planètes de caractère. Un carré qui incite à la réformation, à renverser le connu, à saboter vos plans au passage. C'est en général, une énergie que l'on subit davantage qu'on ne la contrôle. Je pense que c'est ce carré qui déclenchera les situations, les retournements soudains, les changements dans les pensées etc... Il va jouer avec vos nerfs et vous emporter régulièrement dans des extrêmes, juste pour que vous puissiez trouver votre équilibre et votre authenticité.

L'influence de Jupiter

Jupiter est également dans le signe du Verseau ou il va maintenir sa conjonction avec Saturne jusque début mars. Il forme lui-aussi un carré avec Uranus. Jupiter en Verseau est pour les natifs de votre signe, synonyme d'ouverture spirituelle et de chances. De manière générale, il va optimiser votre idéalisme et votre optimisme, mais aussi votre détermination et vos ambitions. Il améliore votre communication en la rendant plus juste, plus claire, et plus imposante. Dans son sens « négatif », il peut augmenter vos besoins (qu'ils soient réels ou non) et vos désirs. Il booste aussi votre créativité. Si vous êtes fortement ancrés dans vos habitudes et croyances, il va vous bousculer pour vous ouvrir à de nouvelles idéologies. Jupiter en Verseau, c'est aussi un besoin supplémentaire d'air, d'espace, de liberté, d'autonomie. En ce sens, il vous donnera l'envie de vous détacher de la matérialité ou des autres. Si vous devez sortir de votre zone de confort, Jupiter peut faire en sorte que ce soit vous à l'origine de cet effort.

Sa conjonction (en début d'année) avec Saturne est un mélange entre l'expansion de Jupiter et les freins de Saturne. Un mélange qui peut être très positif pour vous, car vous ne vous laisserez pas aller à faire n'importe quoi et prendrez le temps d'évaluer les différentes possibilités avant de vous décider. Mais un mélange qui peut, dans certains cas, vous frustrer, car vous avez des rêves et des envies à réaliser et vous pouvez vous sentir « bloqué », ou manquer de confiance. Il faut donc prendre ce début d'année comme des expériences qui vous font mûrir, desquelles vous pourrez comprendre des choses, tirer des leçons, ou changer de mentalité. C'est un peu plus tard que vous en ferez quelque chose de constructif.

Son carré avec Uranus peut être à l'origine de « l'envolée » de vos désirs et pensées. Un carré qui vous fait « ressentir » la nécessité urgente de changer, modifier, réorienter, transformer, bannir, tout ce qui ne vous convient pas, dans l'idéal d'une vie meilleure, ou d'un besoin que vous devez absolument combler. Parfois, vous allez agir sans prendre de gants, sur un coup de tête, ou à l'occasion d'une opportunité qui se présente soudainement. Cela aura toujours des conséquences pas évidentes à « vivre » sur le moment, mais vous serez emporté par l'enthousiasme de Jupiter qui vous fait ressentir que c'est ce que vous devez faire. L'entêtement et la persévérance de Saturne peuvent vous soutenir également dans ces démarches de transformations ou d'évolutions spontanées. Si Jupiter augmente votre besoin de liberté et d'autonomie, son carré avec Uranus en fait une priorité. Vous semblez avoir beaucoup de difficultés avec les règles, les limites, les contraintes, les obligations. Ce carré peut aussi vous faire brûler des étapes ou outrepasser certaines lois. Ce carré entre Jupiter et Uranus sera actif de la fin de décembre 2020 au 22 février 2021.

Chiron et Lilith

Chiron, toujours en Bélier en 2021, est en opposition à votre signe astrologique. Chiron qui éveille en vous « un feu » intérieur, vous pousse lui-aussi dans la transformation et l'évolution, notamment dans la quête de votre personnalité. Il vous invite à vous affirmer, à exercer les meilleures capacités de votre signe astrologique, à trouver votre juste place auprès des autres. Mais pour cela, il vous demande également de vous détacher des besoins ou des peurs que vous comblez « inconsciemment ». Ainsi, Chiron vous rend également très réceptifs aux intuitions et « ouverts » aux autres. Votre contact avec les autres, vos comportements envers eux, les choix que vous prenez, les jugements que vous portez, les

« obligations » que vous endossez, finissent par vous peser, vous stresser. Et plus cela vous arrivera, plus vous ressentirez ces sentiments, plus vous aurez envie de vous « libérer ». En effet, Chiron vous propose les situations sur lesquelles vous devez vous-même prendre les décisions qui s'imposent...

Lilith sera dans le signe du Taureau durant la première moitié de l'année, puis passera dans le signe des Gémeaux en juillet. Lilith en Taureau, comme pour l'ensemble de la population, travaille elle-aussi sur le détachement à la matérialité, et effectue un « travail » en profondeur sur nos habitudes, nos modes de vie, nos connaissances... Bien qu'elle n'ait pas de « position » particulière par rapport à votre signe astrologique en ce début d'année, vous en ressentirez les énergies générales, car elle donne plus de puissance à Pluton (le transformateur de notre vie quotidienne et matérielle actuellement), et agira aussi en fonction de Saturne et de Jupiter. Avec Pluton et Jupiter, elle peut augmenter chez certains d'entre vous, le fait ou l'envie de transgresser certaines limites, d'aller parfois trop loin, de montrer que vous « valez quelque chose ». Elle vous pousse en quelque sorte à exposer votre égo, à refuser que qui que ce soit contrôle votre vie. Avec Saturne, elle vous pousse à « être vous-même » et organiser tous les changements nécessaires pour y arriver. Il vous faudra vous éloigner de vos traditions, remettre en cause certaines croyances ou connaissances et dépasser certaines peurs, notamment celles liées à l'abandon vers l'inconnu.

Puis Lilith passera en Gémeaux, au mois de juillet. Lilith dans un signe d'air comme le vôtre, augmente votre besoin de liberté et peut même vous apporter des situations qui vous laisseraient totalement libre. (Peut-être pour voir ce que vous allez faire de cette liberté...). Elle va aussi augmenter votre capacité critique et de jugement. En Gémeaux, elle participera à votre ouverture de conscience et d'esprit, en vous apportant souvent d'autres manières de voir, de penser, de réfléchir. Elle peut vous ouvrir les portes de la connaissance tout en tentant de vous conduire dans l'erreur de ce que vous pourriez en faire. En gros, elle vous testera pour savoir si vous continuez toujours d'alimenter des besoins personnels, d'éviter des peurs, ou de diriger les autres pour la satisfaction de l'égo. Avec Lilith en Gémeaux, il faudra sans cesse vous poser des questions sur le « bien-fondé » de vos pensées, de vos croyances, de leurs applications dans votre quotidien et dans votre comportement avec les autres.

Résumons :

Pluton en Capricorne continue de vous pousser à la transformation et aux changements de manière concrète. Saturne vous permet une conscience et une connaissance plus développées et enrichies. Jupiter vous ouvre à la nouveauté. Uranus développe votre créativité et votre envie de liberté et d'autonomie. Vous êtes motivés par l'idéalisme, les envies, la justice et l'équité, mais vous avez aussi un égo pas toujours bien maitrisé et des réactions pas toujours justes. Vous devez remettre en place l'égo afin de ne plus agir pour le combler et devenir totalement indépendant. Vous trouverez alors votre personnalité profonde réelle, celle qui se doit d'être créative et s'exprimer pleinement. Vous devez aussi travailler sur votre « possessivité », en ne succombant pas à tout ce qui vous fait juste plaisir et qui semble inutile. C'est auprès des autres que vous aller expérimenter. Vos relations, bien qu'abondantes, parfois nouvelles, seront pour la plupart des « tests » pour votre être profond. Sachez vous remettre en question, comprendre où vous vous positionnez, dans quel « but » inconscient, secret, inavoué, vous agissez ou décidez… Une année qui peut aussi être pleine de promesses, de chances, d'opportunités, avec en prime un bon travail spirituel qui vous transformera de l'intérieur, et qui aura sans aucun doute, des répercussions à l'extérieur. Dépassez vos propres limites, saisissez les chances, apportez-y de la conscience et de la réflexion, faites vos choix, sortez de la zone de confort, et explorez les nouvelles voies qui s'ouvrent à vous ! Vous en avez toutes les possibilités et toutes les capacités cette année !

Mois par mois en 2021 : astrologie globale pour le signe de la Balance et précisions personnelles par rapport à votre vibration personnelle de l'année.

Les énergies et les possibilités que je décris ci-après concernent l'ensemble des natifs de votre signe astrologique. Cependant, il est possible que vous soyez plus ou moins concerné à des moments précis car tout dépends de vos situations personnelles, mais aussi des positions des planètes sur votre thème natal.
Notez toutefois que les actions ou réactions que je décris, si elles ne s'expriment pas forcément, peuvent être fortement ressenties.

J'ai sélectionné pour chaque mois, au niveau astrologique, ce qui concerne la majorité d'entre vous, et qui a le plus de probabilité de se produire dans l'instant présent où j'écris ces lignes. N'oubliez jamais que tout n'est pas « opportunité » ou « fatalité ». En sachant ce qui peut se produire, comment vous pourriez avoir tendance à agir ou réagir, vous pourrez observer votre environnement chaque mois de l'année, et voir comment vous, vous pourriez utiliser ces énergies de manière constructives pour vous-même. Vous pouvez également utiliser les guidances à la fin de cet ouvrage si besoin de vous « orienter ».

Afin d'ajuster au mieux pour chacun d'entre vous, j'ai ensuite associé les tendances mois par mois de chacune des vibrations personnelles. Ceci, afin de faire de cet ouvrage, un guide au plus proche de ce que peut être votre réalité. Et puis il est possible que certains d'entre vous se sentent plus proche de la numérologie que de l'astrologie.
Comparez la tendance astrologique du mois, avec votre vibration personnelle, et vous saurez affiner de vous-même davantage vos « prédictions » du mois, ou pourrez mieux diriger vos énergies.

Janvier

Tendance astro du mois :

L'année commence assez brutalement par l'entrée de Saturne et Jupiter dans le signe du Verseau fin décembre, et la mise en place des carrés de ces planètes avec Uranus. D'autant plus, qu'elles sont « encore » en conjonction avec Pluton et en carré avec Mars. Mars toujours en Bélier la première semaine de janvier, donc en opposition avec vous. À un niveau personnel, on pourrait dire que « vos résolutions de début d'année » peuvent être fulgurantes, irrévocables, déterminées ! Pour certains, « nouvelle année » rime avec « nouvelle vie ». Pour d'autres : « nouvelle année » rime avec « le ciel me tombe sur la tête ». Bien que vous ressentiez rapidement le besoin d'agir, de comprendre ce que vous voulez changer, en même temps, vous doutez ! Vous pourriez avoir de fortes envies, des projets incroyables, vouloir reprendre votre destin en main, mais sans savoir vraiment comment faire, ou en vous freinant par rapport à des peurs que vous avez. Il n'est pas toujours facile de « sauter le pas ». De plus, vous avez tellement d'idées en tête que vous vous laissez envahir rapidement. Les évènements qui peuvent se bousculer vous déstabilisent. Votre humeur est instable, et vous êtes rapidement sous tension.

À partir du 7 janvier, Mars entre dans le signe du Taureau. Il reste en carré avec Saturne et Jupiter durant tout le mois et se place en conjonction avec Uranus auquel il apporte de la vivacité supplémentaire, de l'obstination supplémentaire, de l'envie de révolte ou de liberté supplémentaire. De nouvelles connaissances qui viennent totalement bousculer vos habitudes ou vos croyances, vous faisant parfois réagir dans l'extrême. Votre planète, Vénus, entre dans le Capricorne à partir du 8 et forme un trigone à Uranus (du 7 au 19 janvier) et à Mars. Un sentiment de révolte, de changement absolu, un goût de liberté tellement prononcé qui peut vous entrainer parfois dans des actions spontanées ou irréfléchies, juste « menées » par le sentiment de « bonne cause » ou de faire ce qui vous semble juste. Dans un sens « positif », Votre planète Vénus, ici, peut développer énormément vos intuitions, votre créativité, votre envie de changer le monde. Elle peut aussi vous ouvrir à de nouvelles connaissances, de nouvelles passions, que vous aurez hâte d'expérimenter ou d'approfondir. Votre originalité est aussi débordante ! Attention tout de même, du 19 au 28, Vénus et Neptune pourraient parfois vous entrainer dans des illusions, vous donner de faux espoirs, ou vous faire imaginer des choses qui ne sont pas forcément réelles ou réalisables. Ce peut être le bon moment, pour déjà commencer à comprendre comment vous fonctionnez intérieurement, quels désirs ou manques vous tentez de combler réellement. Vous y serez aidés par la conjonction entre Vénus et Pluton du 24 janvier au 4 février. Alors prenez le temps de vous poser un peu à cette période-là... La rétrogradation de Mercure en Verseau qui démarre fin janvier pourra aussi être un allié dans cette période pour ce travail personnel précis. Mais avant cela, Mercure est entré en Verseau le 8 janvier, et attise vos pensées et votre esprit par un carré avec Mars (jusqu'au 15). Un carré qui peut vous rendre hésitant. Vous vivrez probablement des expériences ou il faudra réfléchir, choisir, et appliquer dans la foulée, mais vous aurez du mal à faire les deux en même temps. Un Mercure en Verseau qui peut toutefois augmenter les effets de Saturne, en vous freinant dans un certain sens pour ne pas vous lancer dans tout et n'importe quoi et avoir un minimum de « raison », mais qui peut aussi augmenter votre clarté d'esprit, de comprendre certaines choses sous des angles différents, ou développer en vous de nouvelles idées, de nouveaux plans à mettre en place etc...

La vibration 1 en Janvier 2021

Le mois de Janvier 2021 est un mois « orienté social » dans l'ensemble. Votre vibration personnelle 1 pourrait s'exprimer, ou se confronter à votre environnement proche (amis, collègues, pour la majorité, mais aussi au sein de la famille pour d'autres).

Si vous prenez des directives, et que vous désirez vous y tenir, cela aura des conséquences dans votre vie quotidienne. Vous pourriez vous éloigner de certaines personnes, ou décider de changer de travail. Vous pourriez également reprendre votre vie familiale en main ou votre « place » de chef de famille.

Sachez que certains vous suivront, accepteront vos idées, vos nouvelles résolutions car ils ont confiance en vous, ou « sentent » que vous avez raison, et que d'autres risquent de vous laisser sur place, seul, à devoir vous débrouiller.

Dans tous les cas, en ce mois de janvier, faites-vous confiance, et ne comptez que sur vous-même.

La vibration 2 en Janvier 2021

Une année qui commence dans les doutes et les hésitations, mais aussi par une ouverture de conscience, notamment sur la place que vous occupez auprès des autres. Le dialogue est ouvert et vous en profitez pour comprendre où vous en êtes exactement. Vous avez grandement besoin de retrouver un équilibre et en ce moment, vous êtes plutôt désorienté. Vous êtes cependant très sociable et allez naturellement vers les autres, prêt à aider, à écouter, à conseiller. Cela permettra à certains d'entre vous de sortir de leurs coquilles, et à d'autres d'être mis en avant. Votre compagnie est appréciée. Vous avez de fortes intuitions et recherchez la diplomatie partout autour de vous. Vous n'aimez pas les conflits qui éveillent en vous une compassion souffrante. Vous pourriez également ce mois-ci, faire l'expérience de la dualité de manière prononcée. Tout vous semble contradictoire. Certains ne sauront plus quoi penser, et auront peut-être tendance à suivre la masse, d'autres se hâteront de chercher eux-mêmes les avis contraires pour se faire leur propre idée.

La vibration 3 en Janvier 2021

Vous devriez apprécier l'énergie 3 dans ce début de l'année. Les choses bougent et peu importe les tournures qu'elles prennent pour le moment. Vous avez la sensation d'un vent nouveau et vous espérez que des évolutions se produisent rapidement. Vous apportez et transmettez une certaine joie de vivre autour de vous, mêlée d'espoir et d'enthousiasme. Une légèreté, qu'elle ne soit qu'apparente ou non, qui permettra de détendre l'atmosphère. Vos intuitions sont fortes, vos rêves intenses, vous avez accès à une forme de conscience supérieure qui semble vous rendre confiant. Vous êtes sociable, créatif, inventif, et avez la sensation que vous pouvez faire et réussir ce que vous voulez. C'est le moment des résolutions de début d'année. Vous vous rendez disponible pour les autres, mais à être partout à la fois, vous vous dispersez rapidement et pouvez ressentir de la fatigue. Attention aux promesses que vous pourriez faire et ne pas tenir ! Votre optimisme pourrait aussi vous entraîner dans des illusions, ou laisser place à des manipulateurs. Vous avez des rêves et des désirs que vous aimeriez combler, mais les combleriez-vous à n'importe quel prix ?

La vibration 4 en Janvier 2021

Votre début d'année devrait commencer par de bonnes résolutions. Vous avez envie d'apporter clairement du changement autour de vous et vous vous investissez complètement dans ce que vous voulez faire. Il est fort probable que vos décisions aient un impact sur votre famille ou sur votre environnement proche. Vous pourriez avoir envie de commencer une nouvelle activité, de changer de voie professionnelle. Pour certains d'entre vous, il se peut malheureusement que ce ne soit pas un choix que vous fassiez mais des changements qui vous sont imposés. Dans tous les cas vous aurez conscience des répercussions que cela peut avoir dans votre vie quotidienne et dans celles de vos proches. Mais vous ne devriez pas vous laisser déstabiliser. Vous avez d'autres ressources. C'est en fait l'occasion de prendre un nouveau départ. Certains s'en donneront à cœur joie alors que d'autres seront dans une sorte de résistance au départ. Tout dépend bien entendu de votre situation à cette période-là. C'est aussi le moment de faire certaines mises au point avec d'autres personnes, de revoir la place que vous occupez dans la famille, de peut-être reprendre certaines choses en main. L'énergie 4, dans ce mois de janvier, vous demandera de l'aplomb, et d'assumer des responsabilités. Il est également possible que des opportunités se présentent, tout comme de nouvelles rencontres, qui pourront débloquer certaines situations et vous permettre d'avancer.

La vibration 5 en Janvier 2021

Dès le mois de janvier, vous vous tournez vers les autres. Il se peut que ce soit un moment dans lequel vous faites comme un bilan de votre environnement actuel et que vous décidiez de ce qui sera à modifier en priorité. Vous pourriez percer à jour certaines intentions de personnes qui vous entourent, ou encore être plus attentifs et plus compréhensifs aux besoins de chacun. Attention toutefois, de ne pas vous laisser avoir par les sentiments, vous faire manipuler, ou que l'on abuse de vous. Remarquez que cela vous ouvrira les yeux rapidement sur certains points. Dans votre bilan, vous pouvez non seulement voir ce qui est à modifier en priorité mais aussi avoir de bonnes intuitions sur ce que vous voulez mettre en place ensuite. Ce peut aussi être l'occasion de déjà vous détacher de certaines habitudes, après tout, ce sont les bonnes résolutions de début d'année ! D'autres ressentiront l'envie de s'émanciper et de penser à avoir plus de liberté en s'occupant peut-être plus de même que des autres. En tout cas, il y a de fortes probabilités pour que la majorité d'entre vous remettent en cause pas mal de choses.

La vibration 6 en Janvier 2021

Votre vibration personnelle sera pleinement dans les énergies de ce mois de janvier. Ça commence donc fort dans le social, pour le meilleur et pour le pire. Vous pourriez prendre des résolutions de début d'année qui concernent l'ensemble de la famille. Rappelez-vous que vous devez prendre conscience de l'impact que vous avez sur les autres, et les responsabilités que vous devez assumer. Ainsi, vous pourriez instaurer de nouvelles activités, une nouvelle répartition des tâches etc... C'est aussi une période au cours de laquelle vous pourriez remettre en question quelques-unes de vos relations. Pour certains vous ne prendrez pas de gants... D'autres auront l'attitude inverse, en allant se réfugier au maximum auprès de personnes en lesquelles elles ont confiance et auprès desquelles elles se sentent en sécurité. Dans l'ensemble, vous avez quand même tendance à agir en rouleau compresseur. En gros, on voit où vous passez ! Si vous aviez des retards administratifs ou des blocages, vous pourriez rencontrer certaines personnes capables de vous aider et faire avancer les choses pour vous. Notez quand même que certains d'entre vous pourraient simplement passer cette période à se demander ce qu'ils font là ... d'autres auront une envie d'évasion, de prendre des vacances, de vouloir changer de vie, d'apporter du neuf dans leur foyer... et quelques-uns auront l'esprit « fantaisiste » se demandant comment apporter un peu de piquant à leur vie quotidienne pour la rendre plus intéressante. Il y a ceux qui ont besoin de mettre des limites et il y a ceux qui ont besoin de sortir de leur zone de confort. L'entourage ne comprend pas toujours un tel changement de comportement.

La vibration 7 en Janvier 2021

L'année commence par ouvrir les yeux... ouvrir l'esprit et faire évoluer certaines conscience. Vous vous trouvez en quelque sorte, comme face à la réalité. Certains pourraient tomber de haut. Mais en même temps, c'est la quête de la vérité qui commence, ou encore l'envie de faire des recherches, de découvrir de nouveaux horizons, de s'ouvrir à de nouveaux sujets... Vous êtes extrêmement curieux et souhaitez apprendre tout sur tout. Vos idées pourraient se disperser à ne plus savoir parfois où donner de la tête. Il faudra cependant vous recadrer assez vite, et orienter vos choix d'apprentissage ou les sujets que vous voulez approfondir. Certains auront des « éclairs de génie », et verront tout de suite quelle voie suivre pour réorienter leur vie. Ils s'enthousiasmeront à l'idée d'entamer une nouvelle formation etc. D'autres se sentiront capable d'aller très loin dans leurs pensées et réflexions, allant même jusqu'à remettre en question leurs croyances, s'interroger sur les acquis et les enseignements qu'ils ont reçus... pour d'autres encore, qui ressentent en plus l'énergie 4 de l'année, pourraient remettre en question leur manière de consommer, comment ils prennent soin de leur corps ...

Pour les célibataires, une rencontre peut avoir lieu, mais qui pourrait toutefois être éphémère. Cette rencontre sera sans doute pour vous faire comprendre ce que vous recherchez vraiment chez un(e) partenaire.

Dans les couples, vous sentez que vous arrivez à un stade et aimeriez apporter de la fantaisie ou une évolution dans votre relation. Vous pourriez surprendre le (la) partenaire par des idées hors du commun.

La vibration 8 en Janvier 2021

Dès le début de l'année, vous prenez le taureau par les cornes. Vous commencez par revoir ce qui doit changer ou évoluer dans votre environnement immédiat. Vous pourriez reprendre en main la gestion du budget familial ou encore d'instaurer de nouvelles règles de vie, notamment en répartissant les tâches de chacun. Au travail, vous pourriez tenter d'imposer vos nouvelles idées ou de décider comment faire évoluer votre travail ou vos projets. En tout cas, vous allez de l'avant complètement décidé. Saurez-vous prendre en compte les besoins et les capacités de chacun ? Ou serez-vous davantage axé sur vos ambitions personnelles ? Dans tous les cas, ayez conscience que vos actions et décisions auront des répercussions autour de vous. Vous pourriez aussi prendre des initiatives fortes ou des décisions importantes. Il peut également s'agir de prendre de nouvelles responsabilités, ou de devoir faire face et d'assumer celles que vous avez déjà. Ne soyez pas trop critique envers les autres, ni trop exigeant, il faut savoir s'imposer dans une juste mesure.

La vibration 9 en Janvier 2021

Vous démarrez l'année dans la conscience du monde qui vous entoure. Pour beaucoup, il s'agit d'observer où vous en êtes, la place que vous occupez, le rôle que vous jouez, la situation dans laquelle vous êtes. C'est une grosse prise de conscience qui pourrait être comme une sorte de révélation. Cela vous permettra de décider ce qui est à changer pour de bon mais aussi de définir ce que vous aimeriez vraiment. Optimiste et dans l'espoir d'en finir avec certaines choses ou situations, pour aller vers l'avenir. Vous avez la capacité de comprendre parfaitement ce qu'il se passe, de prendre du recul et de la hauteur, alors n'hésitez pas à le faire. Vous avez aussi la capacité (mais il faut l'utiliser) d'être en mesure de comprendre les impacts ou les répercussions des actions que vous avez, des choix que vous prenez ou envisagez, dans votre environnement immédiat ou sur les personnes qui vous entourent.

Vous avez aussi la capacité (ou des possibilités se présentent) de trouver les solutions nécessaires à appliquer pour en finir avec ce qui traine derrière vous. C'est le début de l'année et vous êtes plein de bonnes résolutions. Débarrassez-vous de ce qui ne vous sers plus, prenez un peu de distances avec certaines personnes, isolez-vous si besoin pour réfléchir pleinement et faire ce travail d'auto-évaluation. Il est important pour chacun de vous car sera le point de départ de tout le reste de l'année.

Février

Tendance astro du mois :

Dans le fond, le début du mois de février ressemble à janvier. La rétrogradation de Mercure en Verseau vous permet de réfléchir de manière plus posée, plus intériorisée aussi. Vous êtes davantage dans la réalité et le moment présent, et êtes capable de faire des liens entre diverses connaissances que vous pourriez avoir, ou découvrir. Cette rétrogradation va durer jusqu'au 20 janvier et atténuera sans aucun doute les élans de Jupiter. D'autant plus que Mars, toujours en Taureau, reste en carré à Jupiter jusqu'au 17 février. Notez toutefois que la conjonction entre Mercure rétrograde et Jupiter du 11 février au 11 mars peut vous permettre des remises en question sur vos croyances, et vous offrir des découvertes participant à une évolution de conscience soudaine. Le carré Mercure/Mars qui se reforme entre les 6 et 15 mars, vous permettront ici encore de réfléchir puis d'agir, puis réfléchir à nouveau. Comme vous n'arrivez pas vraiment à faire les deux en même temps, cela vous permet finalement d'avancer étape par étape.

Mars va former un trigone à Pluton du 10 février au 12 mars. Un trigone qui va concrétiser davantage dans votre esprit tout ce que vous avez encore besoin de balayer de votre vie. Si vous avez des choses à terminer rapidement, faites-le à ce moment-là, car vos énergies iront en ce sens.

À cela, ajoutez l'entrée de Vénus dans le signe du Verseau dès le 2 février. Une Vénus en Verseau possède et vous renvoie un esprit libre, avide de connaissances et de découvertes. Elle peut agir parfois de manière impulsive et décider de manière vive et tranchante. Mais elle est aussi capable de vous permettre de savoir exactement ce que vous voulez, pourquoi vous le voulez, et ce que vous désirez faire. Notez au passage, qu'elle peut vous rendre sensible aux coups de foudre ! que ce soit un coup de foudre amoureux ou un coup de foudre pour une nouvelle passion. Dans tous les cas, elle vous invite à sortir de votre routine, et agir véritablement pour vous-même. Ainsi, avec les actions combinées durant le mois, de Mars et de Mercure rétrograde, vous êtes en mesure de choisir ce qui vous semble le mieux, d'y réfléchir, de mettre en place des plannings ou des objectifs, de comprendre ce que vous devez encore enlever ou ce dont vous devez vous libérer. Vous pouvez faire des actions, en observer les conséquences, puis modifier en allant. Vénus en Verseau conjointe à Jupiter du 4 au 18 février, va augmenter votre idéalisme, votre besoin de liberté. Vous détacher de ce qui est ancien, vous éloigner de certaines relations, sera alors plus facile et acceptable pour vous.

Le bémol du mois : le carré entre Mars et Vénus du 9 février au 3 mars. Un carré qui pourrait développer en vous un sentiment de conflit permanent, hésiter entre ce qui est et ce que vous devriez faire, ou agir par pulsions à certains moments. Notez que lorsque vous désirez quelque chose et que vous l'obtenez, vous vous lassez vite, ou vous êtes déçu. Ce sont des expériences qui finalement vous feront prendre conscience de la nature de vos désirs ou de ce que sont vos besoins réels par rapport aux besoins que vous croyez avoir.

La bonne nouvelle du mois : la triple conjonction Pluton/Saturne/Jupiter prend fin le 6 février. Le carré Mars/Saturne s'arrête le 2 ; celui avec Jupiter, le 17. Le carré entre Uranus et Jupiter prend fin également le 22 février. Ce sera comme une libération par rapport à la lourdeur des énergies que ces configurations peuvent apporter. Vous serez, après le 22, moins dans la tourmente, et plus dans la raison et la sagesse.

La vibration 1 en février 2021

Le mois de Février vous conduira dans les connaissances, le besoin de faire des recherches, de comprendre certaines choses. Certains iront peut-être vers une nouvelle formation, d'autres vers l'élargissement de conscience. Bien que vous ayez envie de vous isoler, vous rencontrerez peut-être des personnes qui sont alignées avec vous, qui vous partagent leurs savoirs, et avec lesquelles vous pouvez échanger beaucoup. Vous pourriez aussi avoir envie d'enseigner ce que vous savez, et guider les autres. Il vous faudra aussi prendre conscience des décisions que vous avez prises précédemment, leurs répercussions, si cela est bon ou pas. Un temps pour réfléchir sur les intentions et les motivations profondes. Sont-elles justifiées ou ne font-elles que satisfaire l'égo ? Attention, car ce mois-ci, l'égo pourrait également être mis à l'épreuve. Il vous faudra sans doute faire attention de ne pas vous « placer plus haut que les autres » ... Côté financier, vous pourriez avoir le goût du luxe...

Un mois au cours duquel, vous avez une grande faculté à vous centrer sur un sujet précis, soit pour l'approfondir, soir pour le faire évoluer. Alors ne vous laissez pas éparpiller ou distraire. Apprenez à savoir ce que vous voulez vraiment.

La vibration 2 en février 2021

Les découvertes et les questions du mois précédent vous permettent de réfléchir avec plus de raison. C'est le moment où votre cerveau doit faire le tri dans ce qui a été vu, appris, compris, et vos propres connaissances. Ce n'est pas toujours facile, car vous pourriez vous sentir « dissonants ». Cependant, vous gérez mieux l'émotionnel et êtes capables de voir les choses différemment, dans leur globalité. Il n'est pas toujours évident d'accepter la nouveauté, de se dire que l'on n'avait pas « vu » certaines choses, de se dire que « l'on aurait pu faire autrement ». Maintenant, vous devez vous faire confiance, faire confiance en vos intuitions et ressentis personnels. Vous vivez les choses de manière plus consciente avec un esprit plus clair. Si vous avez des choix à faire, vous réfléchirez intelligemment aux pours et aux contres pour prendre une décision qui sera alignée avec ce que vous ressentez vraiment. C'est une période au cours de laquelle, vous pourriez aussi prendre plaisir à partager vos connaissances, sans jugement de l'autre, et en étant prêt à écouter des avis différents ou des théories différentes. Vous mettez en commun vos recherches pour tenter d'aboutir à quelque chose de cohérent.

La vibration 3 en février 2021

Vous accédez encore plus loin dans la conscience ce mois-ci. Plus réfléchi et avec toujours des tonnes d'intuitions et d'idées qui s'enchainent, vous apportez plus de réflexion sur vos rêves et désirs. Vous pouvez aussi prendre le temps de réfléchir à « comment mettre les choses en place », « comment faire évoluer un projet en cours », « comment améliorer… » etc. Vos connaissances s'affinent. Beaucoup de choses commencent à « faire sens » en vous, comme des révélations, des évidences. Vous prenez plaisir à communiquer, échanger et partager vos points de vue et connaissances, et cela sera très enrichissant pour vous-même mais aussi pour les interlocuteurs. Cependant, tout le monde ne réagit pas de la même manière, et certains auront tendance à se raccrocher à ce qu'ils connaissent déjà, par peur de lâcher certaines croyances, de renverser un mode de pensée, parce que ce sont des traditions etc… Un peu comme un enfant qui revient toujours vers ses parents par peur de l'inconnu (jusqu'au jour où il prendra son envol). D'autres encore pourraient avoir tendance à s'isoler ne se sentant pas en harmonie avec le monde qui les entoure et les éventuels changements qui sont en train de se produire. Une phase de « non acceptation ». Quel que soit votre attitude, votre curiosité sera assouvie vous ouvrant les portes vers une plus haute connaissance et conscience.

La vibration 4 en février 2021

Après l'emballement ou les évènements du mois de janvier, vous pourriez avoir besoin de prendre un peu de temps de réflexion. Il est nécessaire de réfléchir à ce que vous voulez faire sérieusement, quitte à entamer une nouvelle formation, ou d'améliorer vos compétences. Cela vous permettra de partir sur de bonnes bases. C'est également un mois au cours duquel vous pourriez remettre en question beaucoup de vos connaissances et de vos croyances. C'est une période d'évolution spirituelle. Pour ceux qui ont déjà un projet en route, ce sera une période dans laquelle vous apporterez de nouvelles connaissances, de nouveaux buts, afin de faire évoluer ce projet au mieux, peut-être différemment. Prenez ce temps de réflexion, osez observer certaines choses de « plus haut », et vous verrez ou ressentirez quel chemin sera le mieux pour vous.

La vibration 5 en février 2021

Selon ce que vous aurez observé ou décidé le mois précédent, il vous faudra une période dans laquelle vous allez réfléchir à ce que cela pourrait donner par la suite. Vous vous rendrez compte aussi de ce que vous avez besoin de perfectionner ou d'acquérir pour y arriver. Certains se diront qu'ils ont besoin d'une nouvelle formation, ou d'une remise à niveau, d'autres auront besoin d'approfondir leur « souhait » pour comprendre où cela va les conduire. Si vous vous intéressez à un sujet particulier, vous aurez envie d'élargir vos connaissances, vos points de vue, pour comprendre les choses en profondeur. Le hasard mettra sur votre route exactement ce que vous avez besoin de savoir... d'ailleurs, en parlant de hasard, c'est aussi un mois dans lequel votre confiance intérieure pourrait être éprouvée. On pourrait vous lancer des défis, ou rabaisser votre moral quant à l'irréalisation de vos envies... des rabats joies, il y en a tout le temps ... Ce sera à vous de trouver votre force, votre détermination, et votre courage, sans vous laisser rattraper par tout ce qui vous ramène en arrière. Malgré tout, gardez toujours une oreille attentive à ce que l'on peut vous faire remarquer ou vous enseigner... surtout si vous avez tendance à vous emballer vite... Vous aurez aussi plaisir à partager certaines de vos connaissances sur des sujets précis avec des personnes qui semblent sur la même longueur d'ondes que vous. Il est donc possible que vous fassiez de nouvelles rencontres, même virtuelles.

La vibration 6 en février 2021

En fonction de ce qui aura été fait le mois précédent, il vous faudra sans doute un temps de réflexion. Pas facile de réfléchir si beaucoup d'évènements se produisent autour. Mais vous trouverez des périodes pour vous éloigner un peu de la cohue et vous isoler. Votre objectif est de remettre en question ou repenser à la place que vous occupez, les charges que vous pouvez encaisser ou non, ou encore si les changements que vous souhaitez mettre en place seront bénéfiques pour vous-même mais aussi pour la famille proche (conjoint et enfants). Vous aimeriez casser la routine et changer de vie, mais vous prenez conscience que vous n'êtes pas seul dans votre bateau et ne voulez pas non plus faire n'importe quoi. Certains d'entre vous sentiront peut-être le besoin d'élargir leurs connaissances ou leurs compétences. Des connaissances et des compétences qu'ils pourront mettre en application dans leur travail par exemple, et qui auront des répercussions sur le niveau de vie de la famille (augmentation, changement de poste etc...) Extérieurement, vous pourriez paraitre préoccupé, ou distant, et ne souhaiterez pas être dérangé. Mais rappelez-vous que vous êtes dans une année 6, et que la contribution des autres peut vous aider à évoluer, prendre des décisions, ou vous diriger vers ce que vous avez besoin de connaître...

La vibration 7 en février 2021

En ce mois de février, deux attitudes extrêmes possibles : soit vous vous isolez, et vous vous renfermez, demandant à être tranquille (en prenant même parfois les autres d'un peu trop haut...), soit vous cherchez à vous rapprocher de personnes qui pensent comme vous, qui ont les mêmes centres d'intérêts et avec lesquelles vous pourriez partager vos idées et connaissances et même d'en apprendre davantage.

Si vous avez des remises en question à faire au niveau de vos habitudes, coutumes et autres traditions en lien avec vos parents, enfants, ou croyances absolues, ce mois de février y est favorable. Attention, cela peut parfois provoquer des tensions. Vous souhaitez mettre des choses au clair, ou comprendre. Et vous voulez les réponses !

C'est une période au cours de laquelle, vous pourriez avoir tendance à vouloir remettre des règles en place autour de vous, ou aussi épurer votre logement. Le but étant de créer un environnement plus sain, et plus reposant.

C'est également un mois favorable pour les enseignements, que vous partagiez vos connaissances aux autres, ou que vous-même suiviez des cours, vous devriez trouver une bonne entente autour de vous, et des explications cohérentes et constructives qui vous permettront d'y voir plus clair sur certains sujets.

La vibration 8 en février 2021

Si vous décidiez de faire évoluer votre carrière ou d'envisager un nouvel emploi, vous seriez peut-être tenté de vous informer davantage, faire une formation, ou réfléchir à ce que cela vous apportera réellement. Vous pourriez même hésiter car dans le fond vos intuitions sont très fortes et en même temps, ne semblent pas coller à la réalité. Ou peut-être n'avez-vous pas suffisamment confiance en vous-même. Il se peut aussi simplement que vous passiez cette période à établir des plans d'actions, définir quelle sera votre ligne de conduite pour atteindre vos objectifs. Si vous avez des démarches à effectuer, ou des renseignements à prendre, vous pourriez vous y atteler pendant ce mois de février. Si vous êtes très ambitieux, vous pourriez être très têtu et ne pas vouloir entendre et comprendre les avis ou les conseils que l'on vous donne. C'est aussi une période avec des chances à saisir ou diverses opportunités. Il y aura dans ce cas, des choix à faire. Soit, vous vous laissez entraîné par la vibration 8, soit vous prenez un temps de réflexion.

La vibration 9 en février 2021

Si vous ressentez quelques doutes et hésitations par rapport à votre vie, c'est normal. Il y a parfois des décisions à prendre qui ne sont pas toujours faciles et qui demandent davantage de réflexion. Encore une fois, vous ne perdrez pas votre temps à vous poser, à vous questionner (ou remettre en question), ou à partager vos doutes avec une personne raisonnée qui saura vous donner un conseil avisé. Au cours de cette période, certains d'entre vous verront les autres côtés de ce qu'ils percevaient « avant ». Vous pourriez trouver des avantages là où vous ne voyiez que des blocages… ou découvrir des leurres là vous pensiez que tout était rose… En gros, vous voyez plus loin, autrement. Encore faut-il s'ouvrir à ces autres facettes et accepter que nos croyances ou connaissances ne sont pas forcément justes… Ce « travail » sera important car vous pourrez alors faire des choix ou prendre des décisions avec un éventail de connaissances et de compréhensions plus larges des choses. Pour ceux, qui envisagent quelque chose de particulier, ce mois de février pourrait être bénéfique pour entamer une formation, prendre des avis, faire quelques recherches … Un mois de février qui peut aussi être source de chances et d'opportunités. Mais, il ne faudrait pas vous laisser illusionner par des propositions trop belles pour être vraies…Si vous deviez vous engager ou signer quelconque contrat, ne vous emballez pas trop vite et lisez les petites lignes. Attention aux flatteries également, surtout celles qui donnent de l'importance à l'égo…

Mars

Tendance astro du mois :

Les tensions précédentes diminuent peu à peu, et en ce mois de mars, vous allez ressentir un nouvel élan. Vous pourrez bénéficier pleinement de l'action de Jupiter, qui peut vous apporter des opportunités intéressantes. Il y a de bonnes configurations pour vous qui, certes, peuvent vous demander de l'action et de l'implication mais qui peuvent aussi vous ouvrir des portes.

En ce mois de Mars, Vénus est entrée dans le signe des Poissons ou elle augmente vos rêves, vos intuitions, vos idéaux. Elle peut aussi se teinter de désirs enfouis ou refoulés qui viennent faire surface. Elle peut vous permettre de vous interroger sur votre nature profonde. La première semaine du mois, elle est en sextile à Uranus, vous apportant des révélations, augmentant votre réception intuitive. Vous pourriez avoir des idées importantes, novatrices, révolutionnaires, ou avant-gardistes. Des idées qui vous feront peut-être rêver ou qui boosteront l'ampleur des projets que vous avez (conjonction avec Neptune du 14 au 23), et qui fixeront vos envies et buts que vous souhaiteriez atteindre (sextile Vénus/Pluton du 14 au 23). Votre planète Vénus entre ensuite dans le signe du Bélier, le 22 mars. Ardente, pressée, enjouée, elle vous donne de l'enthousiasme et surtout la possibilité de « foncer » pour vous réaliser. Cependant, attention, car elle est en opposition avec votre signe astrologique. Vos actions se doivent d'être alignées à vos pensées et envies, et doivent surtout être justes.

Quant à Mars, il entre dans le signe des Gémeaux le 5 mars. En excellente position par rapport à votre signe astrologique, il accorde vos pensées et vos actions, alors que le mois précédent il était un peu difficile de vous « aligner » correctement. Il augmente lui aussi votre capacité d'imagination, peut donner de l'ampleur à vos intuitions, ouvre votre curiosité vers tout ce qui est nouveau, inconnu. Il améliore votre communication, vous rend convaincant. C'est donc une excellente période. Mars en Gémeaux va s'harmoniser aussi avec Saturne qui saura freiner les ardeurs pour vous aider à aller au bout de vos recherches et de vos investigations avec persévérance. Encore une fois, si vous avez des choses à finaliser, vous trouverez les solutions qui vous permettront de faire avancer, ou débloquer toutes les situations.

Mercure ayant repris sa marche directe reste dans le signe du Verseau jusqu'au 14 mars, puis il va entrer en Poissons. Vous aurez encore droit à un carré entre Mars et Mercure, mais cette fois, Mercure en Poissons connecté aux intuitions, aux ressentis, vous permettant d'être instinctif, vous fera comprendre ce qui est bon pour vous ou pas dans les différentes curiosités que Mars vous permet d'explorer. Il vous guidera peut-être aussi par instinct pour que vous découvriez exactement ce dont vous avez besoin de savoir. Attention, c'est un carré tout de même. Il peut parfois s'agir de révélations ou de découvertes qui vont à l'encontre de vos connaissances et de votre savoir actuel.

La vibration 1 en mars 2021 :

Un mois de mars d'actions, de réactions, de nouveautés, de chances et opportunités. Tout va vite et passe vite. Vous êtes à la fois le récepteur et l'acteur. Il vous faut donc être ouvert à tout ce qui se produit, qui vous est offert, présenté (que ce soit bien ou pas), afin de faire un pas évolutif rapide et surprenant. Une bonne chose qui se présente doit être utilisée rapidement pour en faire quelque chose. Une mauvaise chose qui se présente doit vous faire comprendre instantanément ce qui ne vas pas « en vous ».

Si vous aviez des situations bloquées, elles se débloqueront rapidement et cela permettra d'avancer ou de passer à autre chose. Attention, les problèmes peuvent arriver aussi vite que les solutions. C'est pourquoi il est important (le mois précédent notamment), d'être en pleine conscience de ce que vous « demandez », « désirez » ...

La vibration 2 en mars 2021 :

Les énergies environnantes vont s'accélérer au cours de ce mois. Avec votre vibration 2, vous devriez être capable de vous adapter facilement. Vous serez notamment confronté à la réalité, au domaine professionnel, mais aussi financier. Pour certains, un nouveau contrat est possible, d'autres décideront de changer de voie professionnelle. Il vous faudra choisir la meilleure voie pour vous-même. Avec le 2, continuez à suivre vos intuitions. Il est possible que vous ayez différentes opportunités, chances, ou propositions, en même temps ! Il semblerait que certains évènements vous « proposent » de devoir déménager (par pour tout le monde évidemment). Dans l'ensemble, c'est un mois d'énergies et d'évolutions rapides qui engendrera un grand changement. Un peu comme le temps de « tourner une page définitive ». Les décisions que vous prendrez ici auront sans doute, un impact important pour la suite de votre histoire.

Dans le travail, vous avez de très bonnes idées et beaucoup d'intuitions qui seront remarquées et pourraient participer à vous propulser vers l'avant. Dans le domaine familial, ou le couple, il est possible que vous deviez prendre une décision ensemble concernant votre avenir commun (déménagement, achat ou vente immobilière, de voiture etc...)

La vibration 3 en mars 2021 :

Vous vous sentez plus « éveillé », prêt à agir, à transformer tout ce qui peut l'être et cela dans une certaine joie et toujours de l'enthousiasme. Tout va vite et vous souhaitez être partout à la fois. Il y a réellement un grand risque de dispersion et d'égarement pour vous ce mois-ci. Des opportunités et des chances à saisir rapidement qui vous ferait partir dans tous les sens. Ou un risque de « perdre beaucoup » (attention aux dépenses). Dans l'ensemble, ne vous laissez pas « séduire » trop facilement. Même si votre attrait pour la nouveauté, les nouvelles technologies, le bien-être, est prononcé. Vous apprendrez qu'il faut parfois prendre du recul et analyser tous les paramètres avant de se lancer dans quoi que ce soit (donc dans l'immédiat, attention aux choix et décisions que vous pourriez prendre). Toutefois, si précédemment vous étiez « coincé » dans quelconque situation, vous devriez trouver des solutions, ou des nouvelles que vous allez recevoir pourraient donner un coup de pouce pour tout débloquer.

La vibration 4 en mars 2021 :

Au cours du mois de mars, les événements devraient s'accélérer. Vous êtes concrètement actif et tout vous semble possible à réaliser. De nombreuses opportunités peuvent se présenter, et certaines devront être saisies rapidement comme des tournants, ou des « retournements » auxquels il faudra vous adapter.. C'est pourquoi il est important le mois précédent de bien mettre au clair ce que vous souhaitez faire pour ne pas accepter tout et n'importe quoi. Saisir des opportunités, oui, mais pas n'importe lesquelles. Au cours de ce mois de mars, il est possible que certains d'entre vous décident d'investir dans un achat assez important. Il peut s'agir d'une maison, ou de prévoir des travaux. Vous semblez gérer parfaitement les situations même si l'environnement semble instable. À la maison, vous prendrez des décisions, assumez vos tâches ou vos responsabilités. Vous avez la tête sur les épaules. Vous vous préoccupez de chacun mais attention de ne pas devenir trop autoritaire. Malgré tout, c'est surtout la sécurité de vos proches qui vous semble prioritaire.

La vibration 5 en mars 2021 :

Attention aux accélérations diverses ce mois-ci, ce serait dommage de se laisser emporter et de faire un faux pas. Tout va vite, tout semble s'enchainer. Il y a autant d'opportunités que de pièges devant vous. Vous aurez beaucoup d'intuitions qui vous guideront mais ne vous laissez pas envahir par des envies trop pressantes, ou un égo trop prononcé. Si vous étiez dans une situation bloquée, une solution pourrait être trouvée et appliquée relançant tout d'un seul coup. À en perdre pied parfois… La passion sera forte elle aussi. Vous avez envie de concret et que les changements ou les nouvelles choses que vous voulez faire se voient ! Si vous aviez mis des projets en route les années précédentes, il est possible qu'ils prennent une toute nouvelle tournure, que de nouveaux éléments viennent s'y greffer, que vous puissiez envisager de transformer vos projets d'origine. Beaucoup de possibilités donc pour vous en ce mois de mars et un premier trimestre, qui semble s'achever rapidement. Beaucoup auront la sensation en parallèle, qu'il n'y a pas de temps à perdre. Attention au budget ce mois-ci ! des dépenses imprévues, ou des tentations diverses pourraient vider votre porte-monnaie !

La vibration 6 en mars 2021 :

Assez de temps perdu, vous voilà de nouveau sur les starting-blocks prêt à affronter le monde qui vous entoure et agir dans le sens de vos réflexions. Si vous avez décidé de changer de travail, ou d'entamer une formation, ce sera sans doute vos premiers pas ici. Les énergies s'accélèrent et vous voyez peut-être de la pression monter autour de vous. Il faut vous adapter rapidement et éviter (pour certains natifs de signes astrologiques fonceurs), de vous emballer au quart de tour. Cependant, soyez attentif, car de belles opportunités peuvent se présenter, parfois inespérées, qui viendront confirmer vos choix, vous rendre encore plus entreprenant et déterminé. Joie, enthousiasme, envies, tous les ingrédients sont réunis pour vous permettre de faire à peu près ce que vous voulez. Votre état « d'être » est communiquant et vous rayonner autour de vous. Certains auront la sensation de tout maitriser et que tout leur est possible concrètement. Attention, vous pourriez faire des jaloux …

La vibration 7 en mars 2021 :

Vous devriez vous sentir à l'aise courant mars, dans votre vibration 7. Vous vous sentirez capable de comprendre tout ce qu'il se passe. Vous mettez également de la compréhension dans tout ce que vous vivez. Vous vous sentez éclairé et avec beaucoup d'intuitions. Profitez-en pour établir des plans d'action dans les projets que vous aimeriez mettre en place. Cette période pourrait aussi correspondre à une période de chances et d'opportunités pour certains d'entre vous, avec des propositions de travail, la possibilité de mettre en avant vos idées, d'être écouté et entendu par votre entourage, ou tout simplement avoir de la chance … Les choses se déroulent de manière fluide, presque sans efforts.

Vous pourriez toutefois être davantage dans l'intellect que dans la concrétisation ce mois-ci. Il faut donc être attentif pour ne pas rater les opportunités qui peuvent se présenter, mais aussi pour ne pas vous blesser physiquement. Ne restez pas trop la tête dans les étoiles !

Côté relationnel, les célibataires pourraient rencontrer une personne qui leur convient parfaitement, tant sur le plan intellectuel qu'émotionnel. Les jeunes couples pourraient mettre en place les modalités d'une future vie à 2.

La vibration 8 en mars 2021 :

Vous voilà a lancé à 1000 % ! Enthousiaste, franc, rapide, chanceux, tout semble vous réussir quelles que soient les actions que vous avez, ou les domaines dans lesquels vous agissez. Vous êtes très créatif et entreprenant. Certains pourraient se sentir bousculés, ne pas avoir de temps, ou beaucoup de choses changent en même temps autour d'eux. Il faut agir vite tout en évitant d'être dans la réaction. Vous sortez de votre zone de confort et êtes propulsé dans l'inconnu. Fait confiance à votre vibration 8 pour garder les pieds sur terre et saisir les opportunités qui continuent de se présenter. (Méfiez-vous toutefois des choses trop belles et trop faciles.) S'il y a des choses que vous souhaitiez transformer en faire évoluer, ce sera totalement possible. Parfois ça ne prendra pas la tournure envisagée, mais vous ne devez pas vous braquer ou vous obstiner. Garder juste votre objectif en tête et laisser venir à vous ce qui vient. Bientôt, vous comprendrez quoi en faire.

La vibration 9 en mars 2021 :

Vous serez davantage dans l'action en ce mois de mars.

Normalement, vous avez trouvé des solutions pour en finir avec ce qui doit l'être ou ce qui bloquait et vous pouvez vous appliquer à les résoudre maintenant. Vos actions concrètes devraient porter leurs fruits rapidement. Vous vous sentez dynamique et dans une certaine joie de sentir les dénouements arriver. Parallèlement, comme les énergies s'accélèrent, vous êtes en mesure de prendre les devants pour déterminer les futures étapes de vos futurs projets. Voilà qui vous encourage. Attention du côté financier, vous pourriez dépenser plus qu'à votre habitude surtout pour le plaisir (ou besoin de détente et de s'extérioriser). Ces dépenses peuvent aussi concerner des frais pour l'agrandissement ou la rénovation du foyer, ou encore de prévoir un déménagement. Dans l'ensemble, profitez de ce mois et de ces élans d'actions pour les déblocages à faire, ou clôturer ce qui doit l'être. C'est le plus important, et n'attendez pas que cela vous tombe du ciel.

Avril

Tendance astro du mois :

Au cours du mois d'avril, Mars reste dans le signe des Gémeaux jusqu'au 23 et Vénus dans celui du Bélier jusqu'au 14. Globalement, ces deux astres vous procurent les mêmes énergies que le mois précédent. Le sextile entre Mars et Vénus se poursuit jusqu'au 18, et le trigone Mars/Jupiter est présent durant tout le mois. Votre imagination reste débordante et créative, et semble animée de beaucoup de passions et de désirs. Il est absolument nécessaire pour vous de faire ce que vous aimez. De nombreuses opportunités ou chances peuvent encore se présenter et vous prenez les initiatives nécessaires. C'est un peu comme si vous voyez de plus en plus arriver la fin d'un tunnel tout en ayant plein d'espoir pour la suite. Mercure entre lui aussi dans le signe du Bélier, le 5 avril. Une opposition à votre signe qui pourrait vous donner tendance à vous emballer rapidement, ou de voir certaines choses en très grand. Parfois vous aurez effectivement beaucoup d'idées, mais peu seront vraiment réalisables, ou sont réellement nécessaires. Vous aurez quelque part la « chance » que Mercure forme un trigone à Saturne (du 8 au 13). Si vous vous « connectez » à l'énergie de ce trigone, vous ne devriez pas vous lancer dans des projets impossibles, et garderez un minimum les pieds sur terre. Alors oui, avec toutes les bonnes énergies de Vénus et de Mars, vous rendre compte que certaines choses ne sont pas pour vous, pourra parfois être frustrant, mais vaut mieux s'en rendre compte maintenant... Dans un sens plus positif, Mercure et Saturne peuvent vous aider à trouver des solutions concrètes pour mettre en route vos actions.

Dans la deuxième partie du mois, Vénus entre dans le signe du Taureau (le 15 avril). À l'aise dans ce signe dont elle est maître également, elle va déployer des envies de plaisir, de bien-être, d'attirance. Vous pourriez aussi faire de belles rencontres, car votre charisme sera en éveil. Les 3 premiers jours (du 15 au 18), elle sera encore en carré à Pluton, et vous pourriez très bien avoir des sentiments que vous n'osez pas avouer, ou que vous préférez garder pour vous pour le moment. Attention, pour certains, ces 3 jours peuvent correspondre à l'envie de réaliser des fantasmes, ou d'avoir des relations sans idées d'attachement. Il peut alors s'agir de rencontre éphémère. D'ailleurs en transitant le Taureau, elle est proche d'Uranus, qui renforce son envie de liberté et d'indépendance. Il sera difficile de rencontrer une personne avec qui vous aurez envie de passer le reste de vos jours, en tout cas, pas maintenant. Pour d'autres encore, c'est le carré entre Vénus et Saturne que vous pourriez ressentir. Un carré plutôt frustrant et moralisateur (à partir du 19 avril). Vous ne semblez jamais satisfait même quand vous obtenez ce que vous voulez. Vous pourriez aussi être trop attaché au passé, et cela vous ronge sans cesse de regrets qui refont surface à la moindre occasion. Si c'est votre cas, il faudra « travailler » dessus.

À partir du 24 avril, Mars entre dans le signe du Cancer. Il se positionnera alors en carré par rapport à votre signe astrologique. Il peut renforcer les insatisfactions de Vénus, vous rendre maladroit, ne pas trop savoir comment agir ou réagir face à des émotions ou d'autres personnes. Il peut aussi vous rendre capricieux et égoïste. Il peut aussi renforcer les « rencontres sans lendemain », ou faire couper les ponts avec certaines personnes.

En cette fin d'avril, votre bien-être semble important. Vous êtes attirés par tout ce qui est beau, vous fait rêver, vous évoque de belles promesses. Il vous faudra gérer certaines émotions et ne pas vous laisser tenter ou emporter trop facilement. C'est toutefois ici encore, la possibilité de vous détacher doucement mais sûrement de tout ce qui vous retient, vous freine, vous raccroche trop au passé.

La vibration 1 en avril 2021 :

Si, avec les évènements du mois précédent, vos situations semblent se débloquer, alors vous pourrez les finaliser ce mois-ci et prendre un tout nouveau départ. Vous pourrez aussi profiter de cette période pour réévaluer où vous en êtes, ce que vous devez encore terminer et surtout déterminer ce que vous voulez vraiment pour la suite, en pleine conscience ...

Si certaines choses n'ont pas pris le « sens » désiré, vous pourrez vous demander pourquoi et chercher les réponses. Vous comprendrez ce qu'il est nécessaire de ne pas garder, et ce qu'il est nécessaire de transformer. Rappelez-vous de vous faire confiance. Cette année, c'est vous qui êtes l'acteur principal de votre vie. Vous pouvez prendre des conseils, mais les décisions viennent de vous.

Redéfinissez également les objectifs que vous souhaitez atteindre réellement. Certaines de vos envies de départ ont peut-être changées (et c'est normal). Vous pourriez également vous rendre compte, que vos objectifs de départ pourraient en fait devenir bien plus grands ou bien différents de ce que vous aviez imaginé !

La vibration 2 en avril 2021 :

Le mois d'avril vous permettra de faire un premier bilan de votre année, et donc du premier trimestre qui vient de s'écouler. Si vous avez pris de grandes décisions, ce sera le moment de finaliser tout ce qui doit l'être avant de tourner définitivement la page et de passer à autre chose. Vous vous sentirez soulagé d'un poids. Prenez le temps de le faire. Pour certains, il peut s'agir tout simplement d'un grand nettoyage de printemps afin de libérer beaucoup d'espace chez eux ! Pour d'autres, il peut s'agir de la préparation d'un grand voyage, ou d'un voyage lointain.

La vibration 2 en ce mois d'avril peut aussi vous conduire vers la réflexion sur votre propre comportement. Très émotif, la compassion est en plus, décuplée. Vous vous sentez généralement concernés par tout. Vous aurez parfois du mal à faire la différence entre les émotions qui vous appartiennent ou non. Vous avez envie d'aider les autres, être à l'écoute, conseiller ... attention de ne pas tomber dans le syndrome du sauveur ! D'autres auront l'attitude inverse, et se détacheront totalement des émotions de masse.

C'est aussi une période pour remettre au point vos relations au passé : les croyances, les amis, vos racines, les expériences vécues. Il y a du bon à garder et des cordons à couper... votre sensibilité sera votre fragilité, pensez-y, pour ne pas vous laisser emporter, ou manipuler.

La vibration 3 en avril 2021 :

Si des situations sont débloquées ou sont en bonne voie de se débloquer, il ne s'agit pas de rester là à ne rien faire. Vous devez finaliser tout ce qui doit l'être (que ce soit, des situations, des dossiers, des relations etc...) Ne vous dérobez pas et faites-le ! même si cela vous parait barbant et que vous feriez bien tout sauf ça ... Vous ne devez pas abandonner et aller jusqu'au bout. Quoi que vous expérimentez, il faut le vivre jusqu'au bout, vous êtes l'acteur de votre vie. Aller jusqu'au bout, vous permettra de tourner réellement une page, de pouvoir passer à tout autre projet, avec plus de sérénité. Vous sortirez grandit sans aucun doute. Cette étape de finalisation fait partie de votre transformation. Vous vous sentez également concerné par le monde et aurez envie de vous impliquer à améliorer le plus possible, le plus souvent en transmettant vos intuitions et ressentis. Certains auront souvent la tête ailleurs qu'à ce qu'ils doivent faire vraiment. L'idéalisme et l'idéologie est plus forte que tout.

La vibration 4 en avril 2021 :

Vous semblez avoir pas mal d'éléments entre les mains. Il n'appartient qu'à vous de mettre les choses bout à bout pour finaliser exactement le projet que vous souhaitez réaliser. Prenez encore un peu de temps pour réfléchir aux détails. D'autres éléments peuvent encore se présenter que vous pourrez inclure. Vos buts peuvent changer, vos projets, être différents, vos intentions modifiées. N'hésitez pas à voir peut-être plus grand, mais surtout faites ce qui vous plaît le plus. N'hésitez à revoir vos priorités, vos intentions, si vous ne pourriez pas réorienter vraiment certains de vos rêves et ambitions. Car tout est possible, et vous sentez que bientôt des portes s'ouvriront à vous. Ce mois d'avril sera également propice pour terminer tout ce qui était en cours précédemment. Profitez-en pour clôturer de vieux dossiers, ranger des papiers ... des situations bloquées jusqu'à présent trouveront une ouverture de déblocage.

Ce sera aussi un mois au cours duquel vous pourriez évoluer intérieurement, notamment en remettant en question certaines de vos traditions, habitudes, en vous détachant de certaines relations ou en vous ouvrant à de nouvelles.

En ce mois d'avril, il est aussi possible que vous vous sentiez concerné par l'ensemble du monde et des événements qui pourraient s'y produire. Vous ne restez pas insensible. Certains d'entre vous pourraient avoir envie de s'investir pour aider les autres, les soutenir. Pour les plus artistiques d'entre vous, c'est une période au cours de laquelle votre créativité sera très grande et vous vous appliquerez avec beaucoup de passion.

La vibration 5 en avril 2021 :

Les énergies environnantes pour ce mois d'avril vous sembleront moins rapides que précédemment. Cependant, vous vous sentez plein de force et d'optimisme. Vous prendrez le temps de revoir tout ce qui s'est présenté précédemment, comment vous avez agi ou réagit. Vous pourrez faire du tri si besoin. C'est le bon moment pour vous séparer de tout ce qui ne vous servira plus, d'envisager d'élargir encore certaines connaissances et surtout de les intégrer pour les utiliser par la suite. Au cas où vous vous rendiez compte que vous avez choisi une mauvaise voie, vous serez conscient des erreurs commises et vous pourrez envisager de prendre un autre tournant. Profitez de cette période pour vous ouvrir à de nouvelles idées, à faire confiance en vos intuitions. Pour quelques-uns d'entre vous, ce sera peut-être une période d'éloignement par un déménagement, un contrat qui se termine, ou une relation. Vous devrez alors selon votre cas, prendre conscience des impacts que cela a sur vous-même mais aussi sur les personnes qui vous entourent. C'est le moment de vous tourner vers l'avenir pleinement, de changer votre état d'esprit. C'est aussi une période guérison intérieure vers une paix intérieure (même si ce n'est pas toujours facile à vivre selon les évènements qui se produisent : on dit que c'est le début de la fin). Si une situation était préalablement bloquée et que des solutions ont été apportées le mois précédent, en ce mois d'avril, elles pourraient se terminer définitivement.

La vibration 6 en avril 2021 :

Le premier trimestre est déjà terminé, vous avez peut-être déjà changé, modifié ou transformé certaines choses dans votre environnement. Votre comportement n'est peut-être plus le même : plus centré et ferme pour certains, et plus flexible pour d'autres. Cela ne veut pas dire que votre comportement soit véritablement juste. Disons que vous êtes en train d'expérimenter d'autres facettes dans la manière de vivre. Ce mois-ci, vous serez donc capable de déterminer ce qui vous convient ou pas, ce que vous souhaitez garder ou pas, quelle attitude ou style de vie vous aimeriez développer davantage, et celle que vous voudriez voir disparaitre… Côté relationnel, certains mettront fin à des amitiés, ou des relations amoureuses… Pour les plus jeunes, il peut s'agir de « couper » le cordon d'avec les parents, commencer à préparer son indépendance à venir …

Côté projets, c'est le moment de finaliser vos plans en apportant une touche de conscience personnelle, notamment sur l'impact de vos projets et décisions. Avez-vous inclus les capacités des autres ? leurs envies ou leurs besoins réels ? Vous pouvez aussi faire une sorte de premier bilan, voir si vous avez atteint certains objectifs ou non, ce qu'il manque, ce que vous aimeriez ajouter, ce qui pourrait prendre une tournure différente etc… N'hésitez pas à mettre de la créativité, d'inclure des rêves plus grands, après tout, tout est possible…

La vibration 7 en avril 2021 :

Vous êtes davantage dans l'action ce mois-ci. Les évènements s'accélèrent. Vous pourriez parfois perdre un pied, ou avoir le tournis. Il est de plus en plus important de cibler vos pensées et vos actions, et de les orienter dans le même sens ! Vous pouvez lancer des projets ou mettre en place les premières actions concrètes. Surtout ne vous perdez pas dans des choses inaccessibles. Faites tout ce que vous pouvez faire maintenant sans remettre au lendemain ! Si vous aviez des situations bloquées, elles pourraient se débloquer ce mois-ci, ou vous-même pourriez trouver les solutions nécessaires à mettre en place pour faire évoluer les choses dans le sens que vous souhaitez.

Des énergies plutôt rapides qui pourraient contraster tout de même avec votre énergie 7 dans le monde concret, mais qui pourraient être très avantageuses sur le plan mental.

Vous êtes tourné principalement sur votre domaine professionnel et financier. Vous pourriez faire des placements, investir dans l'immobilier, entreprendre un plan d'économie budgétaire. Mais ce n'est pas sans raison. Vous envisagez probablement une amélioration prochaine de votre habitat (travaux) ou même un déménagement.

Du côté personnel, vous vous intéressez davantage aux membres de la famille, mais plutôt en visant leur bien-être, l'envie de « les mettre à l'abri », plutôt que dans une participation aux tâches ménagères, ou encore l'écoute de leurs besoins...

La vibration 8 en avril 2021 :

S'il y a des choses que vous vouliez finir ou transformer, elles peuvent prendre fin en ce mois d'avril. Vous pourrez alors vous consacrer à la reconstruction, ou à la création, à ce que vous voulez « après ». Attention, n'attendez pas que cela vous tombe du ciel car en quelque sorte, c'est à vous d'asséner le coup de grâce (c'est une image bien entendu). Il est grand temps de vous libérer de situations qui vous bloquaient, de personnes qui vous freinaient, de croyances obsolètes, d'un travail qui ne vous convient plus. Au cours de ce mois, vous avez une vision plus large et plus consciente autant sur ce qui se passe autour de vous, que la compréhension que vous en avez. Vous aurez peut-être aussi beaucoup d'illuminations que vous pourriez inclure dans les plans de vos projets qui prendront alors une tout autre dimension.

La vibration 9 en avril 2021 :

Vous voyez grand, vous voyez loin et vous voyez large. Quelle belle ouverture d'esprit et de conscience ! Mais attention de ne pas trop décoller du monde réel. L'avantage est que vous semblez pleinement dans toutes les dimensions à la fois et donc en pleine conscience de l'instant présent sous tous ces angles. Si vous ne vous laissez pas emporté dans l'imaginaire, vous aurez accès à une multitude d'informations et de révélations, et saurez voir en toute chose ce qui est bon pour vous ou pas. Si vous avez entrepris des actions précédemment, les dénouements et les déblocages deviennent concrets et complets. Ce sera un soulagement apprécié. Un peu comme une grande période de libération. C'est également une période qui pourrait remettre en question vos croyances et vos connaissances en élargissant votre conscience. Vous pourrez voir la réalité autrement ou la comprendre différemment. Ne luttez pas et ne restez pas figé ! Permettez-vous de laisser partir l'ancien et d'accueillir ce qui vient à vous.

Mai

Tendance astro du mois :

Au mois de mai, Mars reste durant tout le mois dans le signe du Cancer. Il malmène les émotions, mais vous rend aussi plus guerrier. Il vous donne envie de vous affirmer et de vous imposer, en allant parfois jusqu'au conflit avec d'autres personnes. Si vous avez encore des liens à couper, des relations à laisser derrière vous, cela pourrait se faire maintenant. On pourrait également ne pas apprécier les changements et les transformations que vous mettez en place. Ou, vous-même, pourriez être en refus des évènements que vous subissez qui transforment votre quotidien à votre insu. Si vous avez des décisions à prendre, vous ne mâchez pas vos mots et il sera difficile de vous faire changer d'avis ou faire marche arrière. C'est un peu le moment de l'année, où vous tournez définitivement des pages tout en prenant un tout nouvel essor. Certains d'entre vous pourraient agir principalement par manque de sécurité. Ils sentent qu'il leur est vital de changer certaines choses pour pouvoir retrouver un équilibre rapidement. Ce Mars en Cancer peut aussi correspondre à des difficultés à exprimer ou partager vos sentiments. Vous vous renfermez davantage sur vous-même et gardez certaines choses pour vous… mais vous n'oubliez pas, et cela saura ressortir certainement au moment voulu...

Mercure entre en Gémeaux le 5 mai, suivi par Vénus le 10. Mercure en Gémeaux réhausse votre envie d'apprendre de nouvelles choses. Votre communication est claire, engageante, sans détour. Vous semblez conscient de ce que vous dites. Il va participer à la mise au clair de certains points dans des relations, des discussions ou des projets. Vous allez en quelque sorte, mesurer certaines de vos paroles en ne dévoilant pas tout, mais garderez en mémoire certaines choses. Mercure en Gémeaux, va vous permettre de découvrir des choses importantes (du 8 au 21, il forme un trigone à Saturne). Vos découvertes permettront de comprendre certaines choses sous des angles différents, ou de comprendre le fin fond de l'histoire, ou encore d'être face à la réalité. C'est sans doute ce qui vous fera réagir en conséquence... Son carré à Neptune à partir du 15, vous sortira des désillusions et vous dévoilera également des vérités. Ce peut aussi être l'occasion de comprendre que vous avez pris une mauvaise voie et que d'autres choix s'offrent à vous et qu'il est temps de « bifurquer ». Vénus en Gémeaux augmente elle aussi, votre curiosité et votre envie d'apprendre ou découvrir de nouvelles choses. Elle peut vous donner l'envie de rencontrer enfin une personne sérieuse (pour les célibataires), ou d'apporter un renouveau dans les couples pour « casser » avec les habitudes et la routine.

Vigilance sur le trigone Pluton/Lilith qui démarre le 23 mai. Pour rappel, Pluton en carré avec vous, transforme vos habitudes et quotidien, vous déloge de votre zone de confort. Et Lilith en Taureau invite au détachement, à se séparer de tout ce qui ne sers plus, qui n'est pas utile, qui vous empêche d'avancer. Ce trigone participe à la page qui se tourne de manière radicale et définitive. Il va durer jusqu'au 7 juillet.

La vibration 1 en mai 2021 :

Changement de cap possible ! N'hésitez pas à affirmer vos nouveaux objectifs, ou les changements que vous souhaitez apporter à ce que vous avez décidé le mois précédent. Ce mois-ci, vous pouvez faire évoluer ce que vous voulez. Entrain, dynamisme, enthousiasme, tout semble possible et réalisable ! Certains ne le verront peut-être pas tout de suite, mais soyez attentifs, tout est ouvert pour vous, plusieurs voies possibles. C'est comme la « roue qui tourne ». Il y aura sans doute des « occasions à ne pas rater ». Une nouvelle rencontre est également possible pour les célibataires. Vous avez confiance en vous-même et paraissez sûr de vous auprès des autres. C'est le rouleau compresseur qui passe. (Attention si le « 1 » provient d'un nombre karmique).

Pour quelques-uns d'entre vous toutefois, méfiez-vous de cette période, car il peut s'agir aussi d'un « retour de bâton »… le fait de retourner contre soi, ce qui a été fait précédemment, de devoir subir les conséquences d'actes ou de décisions passées.

La vibration 2 en mai 2021 :

Si le mois précédent, vous a permis de faire un choix définitif, ou d'en découdre avec quelque chose du passé, ou encore de terminer ce qui était en cours, et bien tant mieux pour vous, car en ce mois de mai, vous allez vous sentir pousser des ailes. Si le début de l'année, vous a un peu déstabilisé, à partir de maintenant, vous allez concrètement tourner votre page et aller vers votre équilibre personnel. Ce mois de mai annonce de nouvelles ouvertures pour vous. Qu'elles soient sentimentales ou professionnelles, les deux sont possibles. Vous allez voir différentes voies, de nouvelles issues. Il n'y aura plus qu'à … choisir … et oui, ce 2 est là pour vous faire travailler le choix, l'équilibre, la justesse… il faudra cependant faire vite ! car la roue tourne rapidement et certaines opportunités ne se présenteront peut-être pas deux fois. C'est pourquoi il est important, le mois précédent de bien définir ce que vous voulez pour votre avenir.

Dans tous les cas, ce mois de mai peut ressembler à un nouveau départ, concret. C'est aussi une période d'ouverture ou d'accélération d'ouverture spirituelle. Une conscience plus large, de nouvelles découvertes, qui pourraient parfois renverser vos croyances, vos connaissances, et vous déstabiliser intérieurement, mais qui pourrait aussi vous apporter une clarté d'esprit et de compréhension, des réponses à vos questions …

La vibration 3 en mai 2021 :

Les énergies prennent un autre souffle, s'accélèrent et de nouvelles portes s'ouvrent à vous. Que ce soit positif ou négatif, c'est une évolution en marche que l'on ne peut pas arrêter. Votre vibration 3 vous permet de vous adapter facilement par une belle flexibilité, et saurez sans doute suivre le mouvement ou surfer sur la vague. Il y a encore toutefois un gros risque de dispersion pour vous et il faudra rester vigilant le plus possible. Votre enthousiasme ne devrait pas vous lâcher et des chances peuvent se présenter, à saisir, ou non, il faudra vous fier à vos intuitions. Votre créativité est importante, vous avez des idées incroyables, une vision des évènements fluide et lucide. Votre communication est juste excellente, imposante parfois, mais vous criez de vérités. Vous énoncez également de nouveaux désirs et rêves que vous aimeriez atteindre, ou un idéal qui vous tient à cœur, alors ne vous laissez pas surprendre ou leurrer par de belles promesses et faites toujours attention à ce que vous « demandez ».

La vibration 4 en mai 2021 :

Il semblerait que ce soit à partir du mois de mai que les choses vont réellement bouger autour de vous et vous permettre de démarrer absolument ce que vous voulez. Beaucoup de chances, beaucoup d'opportunités, qui peuvent totalement orienter le cours de votre vie. Mais les choses ne se font pas toutes seules. Il vous faudra vous investir encore. Avoir des chances c'est bien, mais c'est ce que vous en ferez qui sera important. Il est possible également que vous viviez diverses expériences qui vous aideront à définir si c'est bien ce que vous voulez. Vous vous sentirez plein de force et très dynamique. Rien ne semble pouvoir vous arrêter. Attention, comme toujours, il est possible que certains d'entre vous subissent ces énergies au lieu d'en être les acteurs créateurs. Si c'est votre cas, le mois de mai pourrait ressembler à une sorte de tsunami transformant votre paysage habituel. Dans tous les cas en ce mois de mai, c'est l'occasion de sortir de votre zone de confort et de vous lancer dans l'exploration, dans la nouveauté, dans de nouveaux intérêts. Normalement, vous serez suffisamment ancré, pour garder les pieds sur terre et ne pas vous laisser berner trop facilement.
Dans le domaine sentimental, une belle rencontre peut se produire, qui vous apportera sécurité, bien-être, réconfort, soutien et qui vous donnera envie de vous stabiliser émotionnellement.

Dans le couple, il peut s'agir d'un nouvel élan : l'envie de déménager, de changer la déco, de répartir les tâches autrement, plus d'égalité dans le fonctionnement du foyer etc…

La vibration 5 en mai 2021 :

C'est ici que, pour la plupart d'entre vous, tout démarre ou redémarre. Vous vous sentez emporté, confiant, déterminé. C'est la période où la page se tourne et que vous vous ouvrez pleinement à l'avenir. Un avenir où tout vous semble possible, dans lequel vous allez pouvoir être vous-même, plus épanoui et plus conscient. Attention toutefois, certains pourraient avoir l'impression d'être sur un petit nuage, uniquement portés par leurs rêves et leur idéalisme. Essayez de garder les pieds sur terre et dans la réalité, et méfiez-vous de certaines bonnes occasions, ou propositions. Certaines sont bonnes et seront une sacré aubaine, d'autres pourraient vous entrainer dans la mauvaise voie. Imaginatif, créatif, et spontané, vous posez les bonnes actions au bon moment, vous avez des idées qui sortent de l'ordinaire. Vous êtes curieux et avide de découvrir et d'avancer sur votre chemin. Les célibataires pourraient faire une belle rencontre, inattendue, et parfaitement en harmonie avec eux-mêmes. S'il y a des décisions importantes à prendre ce mois-ci, vous serez en mesure de les prendre avec une plus grande clarté d'esprit.

La vibration 6 en mai 2021 :

En ce mois de mai, les énergies s'accélèrent encore. Beaucoup de choses peuvent prendre une tournure très différentes. Des imprévus, chanceux ou malchanceux, se produisent. Il faut vous adapter rapidement. Si vous avez finaliser certaines choses auparavant, elles peuvent se terminer définitivement. Si vous avez mis au point les dernières touches personnelles à un projet, celui-ci peut démarrer rapidement. De la nervosité dans l'air, mais qui peut vous pousser vers l'avant. C'est un peu comme un tournant qui se produit. Ce peut également être une période de choix à faire, de décision à prendre, de changements à opérer. Bref, vous êtes à l'aube d'un nouveau départ, et vous mettez déjà un pied dedans. Selon le domaine social qui vous touche le plus, ce sera plus prononcé en ce mois de mai : professionnel, un nouvel emploi, une ouverture, une évolution de votre emploi actuel ; sentimental, une rencontre ; logement, déménagement, travaux ; famille, mises au point...

La vibration 7 en mai 2021 :

C'est la bonne période pour finaliser tout ce qui doit l'être. Profitez pour régler tout ce que vous auriez pu débloquer auparavant. Si cela n'a pas été fait, vous pourriez encore trouver des solutions ce mois-ci. Faites le tri dans vos papiers, faites un grand nettoyage de printemps dans la maison, vous avez besoin d'air et d'espace. Votre esprit fonctionne mieux quand il n'est pas encombré visuellement. Si vous avez commencé des plans d'un futur projet, et même poser vos premières actions, n'hésitez pas à finaliser, et peaufiner vos plans de départ. Incluez-y toutes les découvertes, ou les nouvelles connaissances auxquelles vous avez peut-être déjà eu accès. Il est temps de voir plus grand , ou de voir autrement ... Vous vous rendez compte que beaucoup de choses sont envisageables.

Cette période est comme une transition nécessaire, afin de pouvoir faire autre chose , tourner une page, en terminer avec le passé, modifier vos croyances et vos comportements, vers la renaissance, ou l'éclosion d'une nouvelle version de vous-même.

Au niveau relationnel, cette période peut marquer la fin de certaines relations (amicales ou amoureuses), mais il vous faudra amener de la compréhension sur le rôle que vous avez joué dedans. Trouver une sorte de paix intérieure avec ces relations qui se terminent.

Les personnes qui recherchent l'âme sœur, se pencheront davantage sur ce « qu'il recherche » en l'autre.

La vibration 8 en mai 2021 :

Toujours acteur et créateur de vos transformations, vous repartez de l'avant. Les situations évoluent, votre ambition est exponentielle. Gardez un œil sur l'égo et sur vos intentions profondes. Vous pouvez toutefois prendre une nouvelle voie si vous pensez que vous vous êtes trompé précédemment. Vous êtes charismatique, une communication claire et forte. Vous faites passer vos idées sans problèmes et vous inspirez confiance. Vous êtes totalement prêt pour un nouveau départ, quel que soit le domaine dans lequel vous avez choisi de prendre ce départ. Certains d'entre vous pourraient avoir la sensation que beaucoup de choses reposent sur eux ou dépendent d'eux. Si c'est votre cas, la période pourrait vous paraître écrasante ou étouffante, mais vous avez toutes les ressources pour vous adapter et trouver les solutions adéquates rapidement. C'est d'ailleurs, l'occasion finalement de sortir du lot et de jeter les projecteurs sur vos capacités ! Dans tous les cas, la roue semble tourner et vous ouvrir pas mal de portes.

La vibration 9 en mai 2021 :

Un mois qui peut vous apparaitre comme une avancée rapide, avec des transformations définitives. Vous sentez le vent tourner et les changements arriver à grands pas. Confiant et déterminé, mais aussi libéré et plus léger si vous avez terminé certaines choses que vous pouvez maintenant laisser derrière vous, vous commencez à vous tourner vers l'avenir, commencez à déterminer vos envies et les buts que vous aimeriez maintenant atteindre. Vos désirs les plus profonds remontent à la surface, vous ressentez fortement ce que vous voulez faire et qui serait en total accord avec qui vous êtes au fond de vous. Vous déterminez ce qui pourrait vous permettre d'exprimer pleinement votre créativité. Bien qu'ouvert aux autres, aux propositions et aux opportunités, vous êtes davantage centré et aligné avec vous-même. Vos intuitions sont fortes, et vos idées incroyables.

Juin

Tendance astro du mois :

Mars est toujours en Cancer et en opposition à Pluton. Votre sentiment de révolte et de non-acceptation semblent toujours là, et en parallèle, vous ne voyez pas bien ce vers quoi les changements peuvent vous être bénéfiques. Vous restez figés sur pas mal d'acquis ou de vieilles croyances. Ceci sera beaucoup ressenti par ceux d'entre vous qui ne s'ouvrent pas à l'expansion de conscience, qui ne se remettent pas en cause et en question. Vous pourriez voir ressortir vos démons intérieurs, vos comportements les plus néfastes (pour les autres, mais aussi pour vous-même). Un peu comme une claque qui vous arrive. Cependant, toujours deux voies possibles : vous luttez pour rester comme vous êtes, vous vous rebellez, vous brayez, vous criez à l'injustice... ou vous vous remettez en question, vous lâchez prise, vous cherchez à comprendre, vous ouvrez votre cœur et votre conscience... Tout dépend de votre caractère de départ et aussi si vous ressentez plus l'énergie de Mercure qui formera un carré à Neptune et un trigone à Saturne (voir la vérité et se questionner pour se raisonner), ou celle de Vénus qui formera un trigone à Jupiter, puis un sextile à Uranus (se laisser emporter, ressentir l'injustice, se rebeller...). Vénus sera en Cancer elle-aussi, du 3 au 27 juin, où elle peut faire ressortir vos défauts, vous rendre hyper sensibles, et souhaitant vous renfermer dans votre zone de confort.

Le trigone Pluton/Lilith est toujours actif durant tout le mois de juin, pensez-y...

Quant à Mercure, il reste dans le signe du Gémeaux, puisqu'il est en rétrogradation, jusqu'au 23 juin. Mercure qui rétrograde en Gémeaux correspond à beaucoup de retards, des imprévus. C'est aussi le fait de mal comprendre, ou mal interpréter certaines choses. Il peut favoriser les disputes tout en augmentant le désir de s'imposer ou d'imposer ses croyances et connaissances. Pour certains, il peut même aller jusqu'à donner l'envie de renoncer à tout ce qui a été mis en place jusque-là, juste par fierté, ou pire, par arrogance. Mais Mercure rétrograde n'est pas forcément négatif en tout, puisque dans un sens positif, il peut aussi vous permettre de faire marche arrière dans vos pensées, de vous interroger sur vos réactions, sur vos connaissances, de chercher (ou de tomber nez à nez) avec d'autres possibilités, qui vous déstabiliseront, mais vous permettront aussi de ne pas faire d'erreurs. (C'est un peu comme lire jusqu'au bout les petites lettres en bas d'un contrat, qui vous évitera des misères par la suite). Comme toujours deux extrêmes : vous vous laissez emporter par Mercure rétrograde, au risque de comprendre des choses de travers, ou vous tentez d'utiliser son énergie pour éviter certains pièges...

Au moment de la rétrogradation de Mercure, Mars entre dans le signe du Lion. Il s'opposera à Saturne à partir du 17 et formera un carré à Uranus à partir du 21. Un Mars qui sort tout juste de son opposition à Pluton, vous ayant permis de transformer ou enlever certaines choses d'entre vie, qui reprend confiance dans le signe du Lion, se sent fort et dans son droit. Il peut vous donner l'envie de prouver au monde entier que vous avez raison, vous faire trancher vif dans des décisions radicales à prendre, avoir des initiatives sur des coups de tête. Vous semblez à présent savoir exactement ce que vous voulez et ce que vous ne voulez plus, ou n'acceptez plus. Une opposition et un carré qui font que vous ne vous maitrisez pas, réagissez de manière impulsive toujours entrainé par ce qui vous semble juste pour vous-même. Vous pourriez prendre des risques inutiles, alors restez vigilants.

Notez qu'à la toute fin du mois de juin, Vénus entre dans le signe du Lion également ! Une énergie forte et positive pour vous qui va vous remonter le moral tout en déployant votre combativité.

La vibration 1 en juin 2021 :

Si plusieurs voies s'ouvrent devant vous, il est possible que vous hésitiez un peu pour vous décider. Il n'y a pas de « bon » ou

« mauvais » choix. Mais celui que vous prendrez aura sans doute des conséquences à long terme. Il s'agit de s'engager vers quelque chose de durable. Si vous aviez emprunté une voie qui ne vous convenait pas, vous aurez l'occasion d'en changer si besoin. Il faudra donc que vous ayez confiance et foi en vous-même. Ce peut également être une période de partenariat, ou une évolution dans un contrat en cours. Vous avez beaucoup de force et de courage. Dans l'ensemble, vous semblez prêt à faire un bond en avant dans votre vie.

La vibration 2 en juin 2021 :

Vous retrouvez un équilibre intérieur, déterminé et plus confiant. Vos intuitions sont fortes et vous semblez savoir où vous voulez aller. Vous prendrez toutes vos décisions en conséquence. Vous trouvez ou retrouvez votre place dans le couple, ou avec un collègue de travail. Vous savez exprimer vos émotions avec justesse, vos conseils sont justes et sans prendre parti. Si la roue a tourné le mois précédent, les premiers pas, et les premières actions se mettent en place. Il n'en tient qu'à vous d'agir en restant dans votre ligne de conduite. Cependant, il y a toujours deux voies possibles, (ou plus), vous aurez le devoir de choisir celle que vous empruntez pour atteindre vos objectifs. Certains verront plus loin, plus grand, réévalueront leurs projets et ambitions, car tout semble possible ! D'autres pourront changer d'orientation si besoin ou prendre de nouvelles initiatives.

Un renouveau et un nouvel élan qui pourrait se traduire aussi par une nouvelle relation qui débute, que ce soit une relation amoureuse ou un partenariat professionnel. Vous vous sentez à votre place dans cette relation, en équilibre, dans laquelle vous pouvez être pleinement vous-même. Cette possibilité de vous exprimer pleinement vous permettra de dévoiler vos secrets, vos intuitions, et vos idées.

La vibration 3 en juin 2021 :

Ce pourrait être le moment d'affirmer le choix de la voie que vous souhaitez suivre. Les évènements s'enchainent pour vous y conduire. Si vous souhaitez changer de « voie » par rapport à celle que vous avez empruntée, vous pourrez le faire également. Tout semble assez facile, intuitif, possible. Vous partagez, vous dialoguez, vous vous ouvrez à des avis contraire ou à d'autres courants de pensées. C'est donc une période d'ouverture de conscience, avec de nouvelles pistes à explorer. Vous pourriez également avoir et partager de nouvelles passions avec beaucoup d'enthousiasme mais aussi de simplicité. Tout vous intéresse et vous avez envie de sortir de votre quotidien. Il s'agit peut-être de quelque chose que vous souhaitez commencer ou mettre en place au cours de l'été. Notez que les célibataires pourraient faire une belle rencontre pouvant changer le cours de leurs vies. Le bémol du mois : attention aux excès divers et aux dérives qui viendront jalonner votre chemin et pourraient vous entrainer trop loin.

La vibration 4 en juin 2021 :

Le mois de juin est une bonne période pour vous. Si vous vous rendez compte que vous vous êtes trompé de voie, vous pourrez encore en changer sans problème majeur (juste un peu de retard). Il est possible que vous ressentiez des doutes et de l'indécision, mais si vous faites confiance en vos intuition, vous saurez instinctivement quel chemin prendre. D'ailleurs, des intuitions vous devriez en avoir beaucoup. Certaines vous permettront d'avancer plus vite. Un partenariat avec une personne pourrait se présenter. Il peut également s'agir d'une nouvelle relation de couple. Dans les couples plus anciens, l'entente semble bonne avec le partenaire, vous êtes sur la même longueur d'onde. Et même si chacun a ses propres idées ou convictions, cela ne vous trouble pas. Moralement, vous êtes à la fois enthousiaste et dynamique dans ce que vous faites et parallèlement, soit ressentir de la fatigue, soit avoir tendance à brûler certaines étapes. Méfiez-vous quand même toujours des belles propositions que l'on peut vous faire. Heureusement, votre côté pratique et réaliste sera développé, et vous facilitera les décisions. Il s'agit principalement pour vous ce mois, de décider comment vous allez orienter vos énergies, comment vous allez concentrer vos efforts, et donc de définir de manière beaucoup plus précise et ciblée, ce que vous voulez vraiment !

La vibration 5 en juin 2021 :

Les ouvertures du mois précédent peuvent vous conduire à devoir choisir ce mois-ci. Faites-vous confiance, ayez foi en vos intuitions et surtout laissez-vous guider par le cœur. Il n'y a pas de mauvais choix à proprement parler. Chacune des possibilités que vous avez, vous conduira vers une expérience différente. Ne vous arrêtez pas à ce qui vous semble difficile, ou à l'inverse ne choisissez pas forcément la facilité par paresse ou par peur. Il faudra reconnaitre qu'elles sont toutes les capacités que vous avez, et faire votre choix en fonction de ce que vous êtes réellement capable d'accomplir. Pour certains, ce sera un challenge à relever d'oser sortir de leur zone de confort, et d'être pleinement l'acteur et le créateur. Mais vous en ressortirez grandi sans aucun doute ! Ce mois de juin pourrait être le début de l'éclosion de votre nouveau vous...

La vibration 6 en juin 2021 :

Si les évènements ou les changements se produisent ou s'enchaînent vite, vous pourriez être en proie à quelques doutes. C'est normal. Beaucoup d'entre vous vont vers l'inconnu, sortent de leurs zones de confort... Il se peut que vous soyez confronté à des situations inédites, ou que vous preniez conscience de l'envers du décor de ce que vous mettez en place. Vous pourriez réaliser que quelque chose qui vous semblait essentiel n'a peut-être pas « que » les bons côtés auxquels vous aviez pensé. Quoi qu'il en soit, il est toujours bon de douter et de se poser des questions. Cela vous permettra de « rectifier le tir » si besoin, de prendre une autre voie, de trouver une autre solution. Restez ouvert à ce qui se passe dans votre environnement car de nouvelles opportunités peuvent arriver et vous ouvrir d'autres voies. C'est donc encore une période de choix et de décisions à prendre, de tournant à réaliser, mais vous avez sans doute de meilleures connaissances à présent que le mois précédent. Ce peut aussi être le début d'une nouvelle relation, ou d'une association. Certains d'entre vous ne ressentiront pas de doutes particuliers, mais au contraire, vous assurerez les premières actions concrètes de votre projet, ou vous découvrez de nouvelles coutumes et traditions qui vous conviennent mieux... C'est-à-dire : se lancer concrètement et rapidement.

La vibration 7 en juin 2021 :

Voilà une autre période d'actions possibles. Un peu différente toutefois de celle du mois d'avril, car ici, vous aurez l'impression d'entrer pleinement dans le vif du sujet. Il est encore temps de réorienter vos objectifs si besoin. Après cette période, il faudra être sûr de vous et dans quoi vous vous engagez. Il est toujours possible de changer bien entendu, mais ce que vous poserez à partir de maintenant pourrait évoluer et marquer vos prochaines années. Vous aurez beaucoup de ressentis et d'intuitions. Vous serez peut-être aussi têtu et très directif. Beaucoup d'entre vous feront des choix ou prendront des décisions qui peuvent vraiment être importantes, il faut donc être en pleine conscience. N'hésitez pas à multiplier certains contacts pour avoir le plus de « données » possibles.

Cette période correspondra aussi à une belle ouverture d'esprit et de conscience. Certains seront mis face à des vérités, des réalités différentes, auront l'impression d'entrer dans une autre dimension ;

N'oubliez pas que c'est peut-être la roue qui tourne pour vous. Votre capacité intellectuelle est au top, et la plupart des idées que vous aurez à cette période, après étude et approfondissement, pourraient se révéler déterminantes et réalisables pour votre avenir. Ne rejetez pas tout, sous prétexte que certaines n'ont pas de sens, ou vous semblent inaccessibles...

Au niveau relationnel, de très belles rencontres peuvent se produire, qu'elles soient amoureuses ou amicales. Il peut s'agir aussi d'un nouveau départ dans un couple. Ou simplement le fait, de repartir sur de meilleures bases avec des personnes de votre entourage avec lesquelles vous avez peut-être mis certaines choses au clair.

La vibration 8 en juin 2021 :

D'autres opportunités, d'autres chances, d'autres orientations ou propositions, jalonnent votre mois de juin. Il faudra sans doute encore choisir ce qui vous conviendra le mieux. Mais cette fois, vous prendrez conscience des avis et des conseils. Vous prendrez également le temps de voir plus loin pour tenter de voir à long terme quelles sont les répercussions possibles de chacune des possibilités qui s'offrent à vous. Vous ferez alors vos choix sur les probabilités les plus sûres. Vous pourrez également anticiper pas mal de choses. Vous avez à cœur de continuer à transformer, détruire, ou fait évoluer, mais vous voulez aussi que ce soit juste et bénéfique pour vos proches. Pour certains, il peut s'agir d'une inquiétude particulière par rapport au bien-être et à la sécurité (financière) de vos proches. Vos choix seront donc faits en pleine conscience et en pleine connaissance et il faudra assumer toutes les responsabilités qui en découleront. Attention de ne pas finir par abandonner sous la pression des autres. Il s'agit surtout d'être capable d'inclure vos choix dans vos projets pour qu'ils soient évolutifs en permanence ou d'être capable de modifier vos plans au fur et à mesure. Les autres devront aussi s'adapter à vos changements. Le dialogue sera important et nécessaire. N'hésitez pas à exposer les « pourquoi » de vos agissements afin d'aider les autres à accepter les changements et supporter votre période de transition.

La vibration 9 en juin 2021 :

Vous avancez toujours dans vos réflexions. Après vous être recentré sur vous-même, vous élargissez votre vision sur les éventuelles implications ou répercussions dans votre vie, votre environnement, ou vos proches. Vous pouvez notamment commencer à réfléchir sur le « comment mettre en place tout cela concrètement ». Différentes possibilités peuvent être présentes et votre discernement devra fonctionner au-delà de l'égo pour analyser les différentes manières de faire, les moyens d'y arriver et les résultats à obtenir. En même temps, c'est de votre avenir dont il s'agit et vous pouvez avoir peur de vous tromper (ou vous ne voudriez pas vous tromper). Et cela est normal ! Certains d'entre vous pourraient avoir des rapports conflictuels avec des proches qui ne comprennent pas vos envies ou vos actions. Alors que d'autres seront dans la complicité et le partage des expériences qu'ils souhaitent réaliser. Tout dépend bien entendu, de vos situations personnelles à cette période et où vous en êtes dans vos transformations et finalisations en parallèle. Gardez aussi à l'esprit que certaines personnes voient d'un bon œil vos transformations et sont prêts à vous aider pour vous permettre d'aller de l'avant… alors que d'autres ont peut-être beaucoup à y perdre ! vos changements ne les arrangent peut-être pas ! Logiquement, vous serez suffisamment lucide pour éclairer les intentions profondes de chacun…

Juillet

Tendance astro du mois :

Mars toujours en carré à Uranus et en opposition à Saturne jusqu'à la moitié du mois, continue de vous rendre combatif. Parfois buté et déterminé, notez tout de même que vous pourriez être rapidement freiné dans des élans démesurés et que cela vous empêchera de faire des mauvais choix, ou de prendre une mauvaise voie... Le trigone entre Pluton et Lilith se termine le 7 juillet, et vous retrouverez davantage vos repères peu à peu.

Dans la première partie du mois, Vénus est toujours en Lion. Sa présence près de Mars, renforce votre motivation, vos désirs, et vous permet de réaliser à peu près tout ce que vous souhaitez. Avec les positions de Mars, j'ai envie de vous dire, qu'il vous faut suivre le courant : si vous démarrez quelque chose et que vous rencontrez un frein, laissez tomber, ne vous entêtez pas, et tentez autre chose. Certes, vous pourriez paraître instable et versatile aux yeux des autres, mais vous, vous saurez que c'est parce que ce n'est pas pour vous, et que vous avez d'autres choses à faire...

Pour information, cela reste ici une période dans laquelle vous pourriez encore « perdre » beaucoup, ou vous débarrasser de pas mal de choses. Mais c'est vous qui en serez davantage l'acteur. Attention aussi au gaspillage ce mois-ci. Vous pouvez être attiré par des tas de choses (nouvelles technologies par exemple), qui en réalité, ne vous sont pas vraiment utiles.

Notez aussi que Vénus en Lion vous rend séduisant(e), charismatique, passionnant(e) et passionné(e). Vous attirez les autres vers vous comme un aimant. De belles rencontres sont possibles durant ce mois ou de nouvelles passions peuvent se révéler à vous. Le passage de Mercure en Cancer du 12 au 27, vous rend plus sensibles, réveille votre compassion naturelle, votre capacité d'écoute des autres. Votre imaginaire est aussi accentué. Vous pourriez aussi « croire » en de fausses promesses ou vous laisser bercer d'illusions. Ce sera peut-être une « romance d'été » pour certains, ou l'envie de croire à la construction prochaine d'une famille. Ce Mercure peut aussi développer l'envie de faire de nouveaux projets, d'avoir beaucoup d'intuitions et même des prémonitions. Attention de ne pas « placer la barre trop haute », à partir du 23 (Vénus entre en Vierge, et peut vous rendre bien trop exigeant…)

Notez que Jupiter revient dans le signe du Verseau à partir du 28, et qu'il n'en ressortira maintenant que fin décembre. En revenant dans le Verseau, il va à nouveau relever votre enthousiasme et votre idéalisme, éclairer vos pensées, faire évoluer vos idées et votre conscience. Il est également source de chance qui revient et de possibilités diverses qui arrivent…

La vibration 1 en juillet 2021 :

Ce mois de juillet peut ressembler à la fois à un temps de repos, et en même temps à l'occasion de préparer ce qui sera votre avenir. Vous êtes observateur avant tout. Pour certains, ce sera une période d'ouverture spirituelle, d'autres apporteront de la conscience dans ce qu'ils préparent. Vous vous rendrez compte que vous avez encore des choses que vous devez finaliser, d'autres dont vous devez vous séparer. Il est possible d'envisager un déplacement ou un déménagement selon ce que vous prévoyez de faire. Dans l'immédiat vous ne faites rien de particulier concrètement. Par exemple, pour ceux qui devraient envisager un déménagement, il est possible que vous vous rendiez dans différents lieux pour visiter, observer, voir l'endroit qui serait le mieux pour vous.

La vibration 2 en juillet 2021 :

Un mois au cours duquel vos intuitions, ressentis, pressentiments, rêves, etc, devraient être encore plus présents et puissants. Une forte ouverture de conscience est également possible en ce mois de juillet. Vous pourriez avoir l'impression d'arriver à une sorte de maturation et de transformation. Vous pourrez tester si vous pouvez avoir confiance en ce que vous ressentez. Vous êtes également un observateur hors pair du monde qui vous entoure. Parfois, vous vous sentez impuissant, ne sachant quoi faire, comment agir. Certaines choses pourraient vous laisser perplexe. Il peut s'agir aussi d'une période de chances et d'opportunités à saisir, n'hésitez pas trop longtemps mais en même temps ayez un temps de réflexion par rapport à ce qui pourrait vous sembler trop beau pour être vrai.

La vibration 3 en juillet 2021 :

Vous êtes pleinement dans votre vibration 3 : créatif, intuitif, avec une conscience instinctive. Vous pourriez même accéder à d'autres plans de conscience. Vous partagez ou enseignez vos connaissances avec simplicité et fermeté à la fois ; vous ouvrez les yeux des autres, votre lucidité et votre franchise semblent infinies. Cependant certains penseront que vous n'avez pas suffisamment les pieds sur terre et qu'il faudrait revenir à la réalité... Votre envie d'apprendre et de découvrir de nouvelles choses sera toujours aussi présente. Vous avez la possibilité de faire évoluer ou de modifier vos croyances. Vous atteindrez une sorte de maturation de l'esprit. Il est possible également que vous trouviez des solutions plus facilement si besoin pour vous-même mais aussi pour aider des personnes autour de vous. Toutefois, certains profiteront de cette période d'été pour se renfermer un peu, mais c'est avant tout pour observer, prendre un peu de distance, pour comprendre certaines choses, pour apporter plus de conscience dans les activités en cours, dans les rêves « demandés ». Il peut s'agir aussi de faire comme un bilan pour décider de ce qui ne sera plus « utile » et quel est l'essentiel à conserver.

La vibration 4 en juillet 2021 :

Au mois de juillet avec la vibration 4, il y a deux grands types de comportements possibles. Soit vous êtes un peu à l'arrêt, avec de nouvelles idées qui sont en train de mûrir et dont vous sentez qu'elles seraient excellentes pour votre évolution, pour l'évolution de votre projet, pour améliorer votre relation, et vous prenez alors un temps d'observation. *(Il est possible également que cet « arrêt » vous soit imposé pour la période de vacances).* Ou alors, vous ressentez une énergie intense qui vous booste et vous pousse vers l'avant par un bond soudain. Vous êtes alors totalement guidé par l'intuition, comme influencé. Vous saurez directement ce qui se passe, et quoi en faire. C'est donc une autre possibilité de faire avancer les choses, de percevoir tout autre chose, d'évoluer concrètement autrement. C'est le moment de vous dépasser ! de transcender les héritages, les traditions ... de voir clair dans les intentions concrètes des uns et des autres ... C'est aussi la possibilité de voir et comprendre ce qui « est » réellement. Au niveau relationnel, c'est le désir de faire évoluer le couple, de rompre avec la routine et les habitudes. Pour vous, personnellement, cela peut donner de grands chamboulements, des renversements de situations, des remises en question parfois sur certaines relations… mais tout cela forge votre « essentiel » tout en épurant ce qui doit l'être afin de lever les bâtons et les blocages que vous avez autour de vous.

La vibration 5 en juillet 2021 :

Encore de l'élan ce mois-ci, qui vous pousse en avant, ou vous place sur le devant de la scène. Vous êtes ouvert à toutes éventualités, prêt à saisir les chances. Vous êtes dans le moment présent, et pouvez profiter de tout ce qui se passe et se produit. Vous pourriez aussi vous placer en observateur, afin de voir d'un peu plus haut, ou d'un peu plus loin, certaines choses que vous avez encore besoin de comprendre. Certaines actions que vous auriez eu depuis le début de l'année, pourraient déjà porter leurs fruits, ce qui vous encouragera à continuer, à vous parfaire, ou à développer davantage (que ce soit un projet, un travail, une passion…). Si vous découvrez encore de nouvelles choses, vous saurez les intégrer rapidement. C'est aussi une période de guérison émotionnelle, de détachement. Vous-même, vous vous rendrez compte que vous avez déjà changé, que vos croyances et convictions ne sont peut-être plus les mêmes. Pour certains d'entre vous, en cette période de juillet, vivre le moment présent pourrait tout simplement vouloir dire de faire une pause, de se détendre un peu, se ressourcer …

La vibration 6 en juillet 2021 :

Les hésitations, doutes, du mois précédent vous emmènent maintenant beaucoup plus loin. Soit, plus loin dans l'observation de ce qui pourrait se produire ; soit, plus loin dans la vision que vous avez de vos projets et envies ; soit, plus loin dans l'impact sur votre vie quotidienne ... Certaines choses viennent s'éclairer, ou se révéler. Des solutions différentes peuvent encore se manifester, tout semble subir « une mise à jour » par des révélations la plupart du temps (révélations intuitives, ou révélations par contact et communication avec les autres). Vous comprendrez sans doute que pour avancer, il y a encore des choses dont vous devez vous séparer : certaines croyances qui vous bloquent, des connaissances obsolètes, des relations qui vous retiennent, un travail qui n'est pas adapté, un logement trop petit etc ... Intérieurement, c'est le bon moment pour évoluer. Cela se répercutera à l'extérieur plus tard.

La vibration 7 en juillet 2021 :

Vous serez toujours dans les mêmes énergies que le mois précédent en grande partie. Mais vous pourriez ressentir une évolution supplémentaire, ou un nouveau choix qui se présente. C'est le moment aussi d'affirmer intérieurement ce que vous voulez vraiment, la direction que vous choisissez. Il faut vous aligner de plus en plus entre vos pensées et vos actions. Si elles sont contradictoires, vous êtes en incohérence avec vous-même. Et cela vous allez le ressentir. Si vous n'arrivez toujours pas à vous « décider », il est possible que des évènements se produisent, afin de vous aider peut-être à voir plus clair pour vous orienter.

Ceux qui veulent encore changer de voie peuvent le faire.

C'est une période propice pour les contacts et les échanges. Ceux-ci sont constructifs et enrichissants. Selon les cas, vous rencontrerez toujours des opposants... mais leur opposition sera un avantage pour vous, dans le sens où vous avez cette énergie 7 qui vous permettra de réfléchir au « pourquoi » de l'opposition. (Sauf si vous êtes très hermétique et têtu...)

Vous serez très connectés à vos intuitions en ce mois de juillet, n'oubliez pas de les écouter et de faire confiance.

Des opportunités peuvent encore se présenter à vous. Quelles qu'elles soient, elles sont comme une chance pour vous, que vous en voyez la finalité tout de suite ou non.

Dans le couple, vous prenez peut-être quelques distances, vous avez besoin de vous isoler un peu, de réfléchir et de méditer. Vous écoutez l'avis du conjoint mais vous ne prenez rien pour acquis, et préférez-vous faire votre propre avis.

La vibration 8 en juillet 2021 :

Peut-être transformez-vous vos plans de base, mais avec joie et créativité. Peut-être réorientez-vous encore vos objectifs. De nouvelles idées ou connaissances viennent s'ajouter et vous permettent d'envisager de nouvelles solutions auxquelles vous n'aviez pas encore pensé jusque maintenant. Vous les mettez en route rapidement et pouvez découvrir certains effets de manière quasi instantanée. Vous êtes alors capable de vous adapter rapidement. Nous sommes en été, et il est possible que vous vous sentiez nerveux et impatients au cas où vous ne pourriez pas agir aussi vite que vous le souhaiteriez. Notez que si c'est votre cas, c'est que c'est le moment de ralentir, de vivre les expériences du moment présent et de vous reconnecter à vos intuitions. En fait, c'est en cette période que vous pourriez avoir de grandes idées ou de grandes inspirations que vous utiliserez par la suite. Ne soyez pas pressé au risque de commettre des erreurs. Ce peut également être la bonne période pour vous remettre en question, d'élargir vos connaissances et votre conscience. Une évolution de vos croyances vous fera grandir et mûrir très vite.

La vibration 9 en juillet 2021 :

Un mois qui pourrait vous paraitre long et vous entrainer encore dans de grandes réflexions personnelles. Un peu comme si, c'est maintenant que la décision que vous prendrez déterminera concrètement votre avenir. À la fois dans l'observation et la réflexion, avec la sensation ne pas pouvoir « bouger » vraiment. Mais rappelez-vous que la vibration 9 est une phase de conscience et qu'il s'agit prioritairement d'une année de finalisation et de préparation, plutôt que d'actions concrètes. Vos actions, elles, sont, et doivent, principalement orientée à « résoudre le passé », alors que vos pensées préparent le futur. Il est évident que si vous savez déjà ce que vous voulez, vous ressentirez de l'impatience. Pour remédier à cette « attente », les énergies de ce mois vous proposent de parfaire vos rêves : quelles connaissances ou recherches pourriez-vous faire ou acquérir pour être totalement prêt le moment venu ? quelles améliorations ou peaufinage pourriez-vous apporter ? comment définiriez-vous plus précisément le type de personne que vous aimeriez rencontrer ? Il est possible aussi que durant ce mois, vous receviez de nouvelles données, que vous ayez de nouvelles idées... tout cela vous fera comprendre que même si vous avez déjà une idée précise, vous pouvez toujours améliorer, voir plus grand, autrement... vous comprendrez ce qui sera peut-être le plus efficace etc... Pour certains, ce peut même être des idées totalement différentes ou des découvertes spontanées qui viendront remettre totalement en question leurs objectifs, vers quelque chose de nettement mieux et auquel ils n'auraient pas pensé auparavant ! Encore une fois, restez ouvert à toute possibilité à chaque instant.

Août

Tendance astro du mois :

Mars et Vénus sont à présent dans le signe de la Vierge. Plus organisés et plus sérieux, vous voilà entreprenant. Un début de mois prometteur, les pieds sur terre, avec un esprit guerrier, lucide, déterminé (Mercure est en Lion). Vous faites des choix certains et sûrs de vous. Vous savez faire le tri dans toutes les idées que vous avez, dans toutes les opportunités qui se présentent, mais aussi dans les relations que vous croisez. Vous n'êtes pas dupe, on ne vous fera pas les choses à l'envers. Vous êtes parfaitement capable de montrer ce que vous savez faire, et vous le faites en plus avec beaucoup d'enthousiasme et de persévérance. Si vous avez besoin de connaissances supplémentaires, vous n'hésitez pas à vous renseigner, prendre des cours, ou vous rapprocher de personnes avec lesquelles vous pourrez échanger des idées, ou découvrir de nouvelles perspectives.

À partir du 12, Mercure entre lui aussi, dans le signe de la Vierge. Il va vous rendre encore plus consciencieux, analytique. Vous vous efforcerez d'aller plus dans les détails. Ces trois énergies dans le même signe astrologique allie l'intelligence, l'action, et l'organisation dans le sens exacte de ce que vous souhaitez mettre en place. Vous êtes en plus, convaincant, perfectionniste, et votre goût pour la perfection peut être comblé. Vous laissez peu de place au hasard et êtes prêt à enlever encore de votre environnement tout ce qui peut encore vous gêner. Des idées, soufflées par Uranus, prennent vie et forme de manière concrète.

À partir du 17, votre planète Vénus entre dans votre signe. Elle va y rester jusqu'au 10 septembre. Dans votre signe, elle est à son top. Elle accentue votre goût des belles choses, vous fait sentir « parfait », elle réhausse votre idéalisme. Vous cherchez à montrer l'exemple ; vous semblez faire la part des choses comme il se doit, vous pouvez vous impliquer mais sans abus. Vos décisions sont claires, franches, directes, parfois dans le vif, mais au moins vous êtes sûr de vous. Vos conseils sont même recherchés par les autres ! Vénus dans votre signe, c'est aussi le charme qui se déploie, l'envie de bien-être, de recréer votre cocon, de retrouver votre équilibre. Elle augmente aussi votre pouvoir de séduction. Attention, son sextile à Saturne pourrait vous rendre plus sensible intérieurement. Vous êtes fidèle et sérieux et la moindre trahison ne sera pas pardonnée ! Vénus chez vous, peut vous permettre de voir clair dans certaines relations et de faire encore du tri autour de vous...

Dans tous les cas, avec Vénus chez vous, et Mercure et Mars en Vierge, vous êtes plus soucieux des personnes qui vous sont chères, plus attentifs et plus dévoués. La différence avec « avant », c'est que vous ne vous « accrochez » pas à elles, et vous voyez le bien de tous, avant votre petit bien-être personnel. Vous pouvez alors rester créatif et autonome, tout en utilisant à bon escient les capacités de votre signe astrologique. On peut parler d'une véritable transformation évolutive...

La vibration 1 en août 2021 :

Il se peut que ce mois soit mêlé entre ce que vous devez laisser derrière vous et l'envie d'avancer plus vite. Vous semblez retenu par des choses passées, souvent par nostalgie. Il faudra donc sans doute faire du tri, avoir une période de deuil, devoir tourner une page. Mais c'est nécessaire. Vous devez vous détacher de ce qui ne vous sert plus.

Certains d'entre vous ne ressentiront peut-être pas cette période ainsi, et seront davantage heureux de s'éloigner, d'avoir leur propre avis, de pouvoir agir enfin pour eux-mêmes.

Il est possible également que ce mois-ci, vous ayez une sensation « d'urgence », en ayant en tête que vous ne voudriez pas « passer à côté » de votre chance. Car de la chance, vous pourriez aussi en avoir pas mal !

La vibration 2 en août 2021 :

Beaucoup d'énergies en ce mois d'août qui aiguiseront et attiseront votre sensibilité. Vous pourriez ressentir tout plus fort. Certains pourraient même se sentir comme « agressé ». C'est un peu, avec l'énergie 2, comme un quitte ou double, cette période. Certaines choses passent, d'autres cassent. Vous pourriez ressentir de l'injustice, ou de la souffrance à laisser encore certaines choses derrière vous. Cependant, c'est en même temps très libérateur. Si vous avez encore des hésitations, ici elles disparaitront, laissant place à une détermination. Si vous souhaitez mettre vos plans à exécution, ils pourraient démarrer au quart de tour. Ce qui, dans un sens, peut vous déstabiliser, et vous conduire à nouveau dans des doutes parfois. Si des évènements s'enchainent très vite, il vous faudra essayer de prendre un peu de recul pour observer à nouveau et être sûr de ne pas dévier de votre propre chemin, de vos ambitions, ou de vos projets de départ.

Ce mois-ci, si vous n'êtes pas satisfait de la tournure que vous avez prise depuis le début de l'année, vous avez la possibilité de tout détruire, et de reprendre un nouveau départ. Un bon nettoyage qui vous permettra de repartir sur de nouvelles bases à la rentrée.

C'est également un mois qui peut vous permettre d'agir sur vos émotions. Comme votre sensibilité sera à fleur de peau, il vous faudra apprendre à ne pas vous laisser emporter trop facilement. Il y a des choses qui peuvent vous « toucher » naturellement, mais d'autres dont vous devez vous détacher rapidement. Ainsi des évènements « extérieurs » pourraient agir sur vous, pour que vous puissiez réaliser le fonctionnement de vos émotions intérieures.

La vibration 3 en août 2021 :

C'est le moment de passer à l'acte. Avec le 3, vous êtes l'inventeur, le créateur et l'acteur des changements que vous voulez apporter dans votre vie. Profitez de ce mois pour vous orienter vers ce qui vous plait le plus. C'est le moment d'appliquer les connaissances que vous avez acquises. Certains pourraient décider d'une nouvelle formation à suivre. Si vous avez précédemment réfléchi à ce qui ne vous est plus utile, c'est le moment de vous débarrasser concrètement. Il vous faut faire du vide pour pouvoir par la suite, accueillir du renouveau. Une période pour mettre les actions qui vous feront tourner la page en route ! C'est une préparation pour la rentrée ! Il faut penser à vous. Ce n'est pas toujours facile de se construire de nouvelles bases (nouveau travail, déménagement, travaux, nouvelle activité, nouvel apprentissage, se débarrasser d'anciennes habitudes ...), il faut être fort et ne pas abandonner. Mieux vous préparerez le terrain (en tournant les pages qu'il faut), mieux ce sera pour la suite ! Autant repartir « léger ».

Ce mois d'août est donc lui aussi une phase de transformation pour vous, mais une phase plus concrète, plus active. Les changements que vous apportez sont définitifs. Vous pourriez aussi être mis face à des réalités, ou des évidences, que peut-être vous occultiez, que vous aviez du mal à croire, ou que vous ne vouliez pas admettre. Si c'est le cas, cela peut provoquer en vous du rejet, de la révolte, un choc émotionnel qui sera probablement l'origine de prises de décisions soudaines et radicales. (ce n'est pas forcément pour tout le monde).

La vibration 4 en août 2021 :

Au mois d'août vous êtes davantage dans l'instant présent. Vous prenez du bon temps et pouvez utiliser cette période pour vous débarrasser de tout ce qui ne vous sert plus. Vous avez aussi la possibilité de tourner une page définitivement. Profitez-en pour faire du tri. Pour certains ce sera une période de déménagement permettant de repartir de zéro. Pour les plus aventureux d'entre vous, soyez prudent, car c'est une période au cours de laquelle un accident est vite arrivé. Parfois vous poserez de nouvelles limites et parfois vous franchirez des limites que vous ne dépassiez pas avant. On pourra trouver « quelque chose de changé » en vous, sans pour autant savoir dire quoi. Vous ne laisserez quiconque vous empêcher d'aller faire ce que vous voulez, quitte à avancer comme un rouleau compresseur. Certains d'entre vous auront l'impression de devoir tout faire, ou même parfois de devoir faire des sacrifices, de ne plus s'amuser, ou même de perdre foi en eux-mêmes. Surtout si vous prenez toutes les responsabilités, tous les devoirs, toutes les décisions… Certains sauront agir avec sagesse, persévérance et autorité, alors que d'autres fonceront dans le tas sans trop réfléchir quitte à s'épuiser. D'autres encore pourraient se décourager et avoir envie d'abandonner. N'oubliez pas de vous détendre un peu et de vous reposer.

La vibration 5 en août 2021 :

Une période de transformations importantes. Si vous avez déjà tourné des pages précédemment, ici ce sera définitif. Vous ne reviendrez plus en arrière, et vous ne pourrez plus être la personne que vous étiez il y a encore quelques mois. Vous agissez, vous êtes directs et parfois vous prenez peut-être même des risques inutiles. Faites attention de ne pas vous blesser. Vous pourriez aussi avoir tendance à dépasser des limites, à ne plus vous conformer aux règles, à ne pas respecter les autres. Vous êtes davantage centré sur vous sans forcément porter attention sur les éventuelles répercussions que vos actions pourraient avoir. En gros vous agissez pour agir et pourriez, vous éparpiller facilement. Il est difficile aussi de rester concentré, d'ailleurs vous paraissez davantage « borné » que concentré. Certains d'entre vous pourraient vivre ses énergies comme s'ils avaient envie de fuir la réalité, alors que d'autres auront envie de clairement balayer cette réalité qui ne leur convient pas pour y installer leurs rêves et leurs nouvelles réalisations.

La vibration 6 en août 2021 :

Accrochez-vous car les énergies montent crescendo. En ce mois d'août, on peut agir vite, parfois même trop vite. L'ambition et la détermination sont fortes. Vous pourriez aussi être dans les extrêmes : abus de toutes sortes, caractère changeant, agir sans réfléchir, paroles blessantes, etc... C'est un peu comme si, en ce mois d'août, vous désirez remettre à plat beaucoup de choses, pour repartir de zéro (ou d'un bon pied) à la rentrée qui approche. Ce peut aussi être l'occasion de recommencer vraiment ce que vous voulez (séparation de couple, perte de travail ou démission, déménager sur un coup de tête). Pour beaucoup, vous devriez comprendre que vous avez d'autres choses à faire dans votre vie, et que ce que vous avez mis au point ne vous convient finalement pas. Tout le monde peut se tromper, et vous pourrez recommencer. Ceux qui ont commencé leurs projets, ou leurs actions, et qui souhaitent continuer dans cette voie, vont s'atteler à donner un grand coup de collier pour avancer plus rapidement. Vous virez tous les obstacles qui vous empêchent d'atteindre vos buts. Ce peut donc être une période de changements ou de transformations très importante au cours de l'été. C'est l'occasion de tourner une page définitivement et de passer à autre chose : changement de vision des choses, prise en compte de la réalité, évolution spirituelle importante, modification des croyances etc... Changements d'attitudes que les autres auront du mal à comprendre. D'autant plus qu'en parallèle, vous vous imposez davantage et imposez vos envies et besoins personnels.

La vibration 7 en août 2021 :

Au mois d'août, il est possible que beaucoup de choses ralentissent. Beaucoup d'administrations sont fermées, beaucoup de personnel en congé... il est donc possible et logique que vous ressentiez davantage la lenteur de l'énergie 4 de l'année... pourtant intérieurement ça fusionne en vous. Certains pourraient avoir des idées qui jaillissent régulièrement. Il y a alors un gros décalage entre la partie pratique et la partie intellectuelle. Vous pourriez être impatient et nerveux. Ce qui ne manquera pas de vous rendre aussi susceptible. Certains pourraient laisser exploser leur mécontentement en prenant leur entourage pour cible, en multipliant les caprices, d'autres préfèreront se retirer dans leur coin en attendant que ça passe. Tout dépend de votre tempérament.

Avec des telles idées qui peuvent vous parvenir, il pourrait cependant être judicieux pour vous de prendre le temps de réfléchir à la manière avec laquelle vous pourriez les inclure dans votre vie de tous les jours ou dans vos projets. Il faudra parfois que vous alliez plus loin que l'idée reçue, que vous fassiez d'autres recherches, d'autres démarches ...

Ou alors que vous vous concentriez davantage sur votre domaine relationnel que professionnel ! après tout, c'est la période de vacances non ? Surtout que dans le domaine relationnel, vous avez cette capacité à lire en les autres ce mois-ci. Vous êtes capable de les comprendre à la perfection, de déceler leurs intentions véritables, de résoudre peut-être même, certains de leurs problèmes, d'avoir les réponses à certaines de leurs questions... les solutions que vous apportez sont logiques, fiables, pratique et réalisable. Les autres apprécieront ce côté de vous...

La vibration 8 en août 2021 :

Si des transformations n'ont pas encore eu lieu, que vous n'ayez eu le temps de commencer quoi que ce soit, ce mois-ci sera à double tranchant : soit, vous tournez brutalement une page afin de repartir d'un bon pied à la rentrée prochaine, soit vous subissez des changements énormes autour de vous (perte d'emploi, perte financière ou gain inattendu, déménagement dans la hâte etc...) Vous avez toutefois toutes les vibrations dans votre énergie 8 pour faire face et vous remettre rapidement sur les rails. Si vous tournez une page, ce sera définitif. Vous pourriez vous éloigner de certaines personnes, de reprendre votre vie en main, d'assumer des responsabilités que vous fuyiez etc... Pour certains d'entre vous, il est possible que cette période du mois d'août soit simplement un gros ras-le-bol et l'obligation ressentie de devoir lâcher prise sur beaucoup de choses. Vous pourriez faire une pause « constructive » et en profiter pour revoir toutes les bases sur lesquelles vous vous êtes construits. Vous comprendrez qu'en vous libérant de vieilles croyances, ou en sortant des illusions dans lesquelles vous évoluez peut-être, il y a tout un autre monde, une autre réalité, avec d'autres manières de penser. C'est aussi l'occasion de faire un grand tri autour de vous et d'alléger vos possessions à ce qui est juste utile.

La vibration 9 en août 2021 :

Le mois d'août amène des énergies plus concrètes que le mois précédent, mais aussi plus rapides. Au cas où vous n'auriez pas eu le temps ou l'occasion de terminer certaines choses, vous prendrez sérieusement les choses en main au cours de ce mois pour vous y atteler. Vous êtes déterminé à tourner définitivement la page, d'autant plus que les réflexions du mois précédent, vous ont peut-être ouvert les yeux sur ce qui vous empêche totalement d'avancer. Parfois, vous utilisez des manières sèches et brutales. Mais il faut aussi ce qu'il faut si vous voulez repartir sur de nouvelles bases rapidement, et vous voyez la rentrée de septembre approcher rapidement.

Pour d'autres, si le mois précédent vous avez eu de nouvelles idées ou décidé d'une autre voie à suivre, vous êtes capables de tout balayer pour recommencer vos projets en incluant ces nouvelles données.

Et pour d'autres encore, ce mois d'août pourrait simplement être synonyme de repos. Surtout si l'ensemble du début d'année vous a épuisé. Si vous avez libéré beaucoup de choses. Cela permet de reprendre des idées claires et aussi de profiter un peu de ce sentiment de libération. Vous avez alors à cœur de passer du bon temps avec ceux que vous aimez et vous vous préoccupez de leur bien-être général. Vous pourriez même aider d'autres personnes. Déménager ou envisager des travaux chez vous est possible également.

Septembre

Tendance astro du mois :

Un mois plutôt important puisque Mercure entre dans votre signe astrologique (le 31 août) et qu'il va y rester un bon moment, puisqu'il fera une rétrogradation (du 27 septembre au 19 octobre). Il ne ressortira de votre signe que le 6 novembre !

Mercure dans votre signe, c'est une planète de l'élément air, dans un signe d'air. Il vous permet de remettre encore beaucoup de choses en question. Il aiguise votre côté critique tout en vous permettant de vous ouvrir à d'autres possibilités. Vous sentez le besoin de voir, entendre, comprendre, les différents points de vue avant de vous faire votre propre opinion. L'ouverture d'esprit qu'il vous procure et la stabilité mental qu'il vous apporte, se couple à l'action de Saturne en Verseau. Vous êtes capable alors de faire des choix intelligents et réfléchis. Vous arrivez également à émettre des jugements justes et équitables en sachant mettre de côté vos intérêts personnels. Votre communication est en plus excellente, claire et précise. Vous inspirez confiance à ceux qui vous entourent, et vos avis et conseils sont encore plus recherchés. C'est donc sur une très bonne base que vous démarrez cette rentrée de septembre. Mars, toujours en Vierge, jusqu'à la moitié du mois, vous rend consciencieux et organisé et Vénus toujours dans votre signe également, fait de vous des personnes « recherchées », qui inspirent confiance et bien-être. Vous avez vraiment tous les atouts de votre côté !

À partir du 13 septembre, Mercure formera un carré avec Pluton et un trigone avec Jupiter. Le trigone avec Jupiter va encore augmenter votre puissance de communication. Vous pourriez être un excellent enseignant ! vous aimez partager vos connaissances, les faire évoluer ou en découvrir de nouvelles. Votre mémoire est bonne et vous semblez capable de vous adapter à toutes sortes de personnes ou de situations. Son carré avec Pluton, bien qu'étant dans la provocation, fait de vous une personne très franche, très directe. Vous n'avez pas de temps à perdre et vous appelez clairement « un chat », un chat. Cela peut être bénéfique dans un sens, mais dans un sens moins « bon », vous aurez sans doute plus de mal à ne pas prendre parti, ou à ne pas inclure vos intérêts personnels comme au début du mois (en effet, entre deux, le 11, Vénus est entré en Scorpion). Sachez toutefois que si vous avez besoin de convaincre, la deuxième quinzaine du mois vous rend incroyablement intelligent et persuasif !

L'opposition de votre planète Vénus avec Uranus, pourrait vous entrainer dans le fait d'être souvent en opposition avec d'autres, ou encore d'avoir des « adversaires » de taille. Elle pourrait aussi dans son sens « positif » vous donner un attrait pour découvrir des personnes lointaines, communiquer à distance, découvrir d'autres facettes du monde... Toutefois, la présence de Vénus dans le signe du Scorpion est toujours difficile à définir. Tout le monde ne réagit pas de la même manière à son influence. Elle est à la fois en mesure de vous révéler vos envies les plus secrètes, de malmener vos émotions intérieures en les faisant balancer dans les extrêmes : de l'amour fou à l'indifférence totale... Elle peut vous rendre plus obsessionnel, et vous fait vivre davantage par instinct. Elle peut également réveiller en vous le devoir d'assouvir vos désirs, de combler rapidement vos besoins, surtout si vous ne vous sentez pas équilibré à cette période. Elle peut vous faire sentir l'urgence de retrouver votre sécurité et votre confort. Certains ont alors parfois le réflexe de faire 3 pas en arrière et de céder à leurs propres caprices, ou à leurs peurs. Cette Vénus en Scorpion peut vous proposer un énorme travail intérieur sur vos peurs, tout en développant votre créativité. Encore faut-il avoir le courage d'entreprendre ce travail et d'oser encore aller plus loin dans vos transformations. Ce qui n'est sans doute pas facile.

À partir du 16 septembre, Mars entre dans votre signe. Il vous apporte sa force, son courage, mais aussi son obstination et son entêtement. Vous avez le goût d'avancer et celui de la compétition est un challenge que vous êtes prêt à relever. Vous avez alors la volonté, l'envie, et la juste évaluation des situations que vous vivez, ou des relations que vous avez.

Globalement, ce mois de septembre est axé sur votre équilibre. Vous avez la possibilité de faire des choses nouvelles, de vous plaire à les réaliser, d'être juste, convaincant. Vous avez à la fois l'intelligence, le courage, la persévérance, la force, l'endurance, et le charme … Vous devrez juste lutter contre l'envie d'inclure vos besoins personnels quand vos actions ou conseils sont destinés à d'autres. La rétrogradation de Mercure ne démarre qu'à la fin du mois, le 27, et vous la ressentirez davantage en octobre.

La vibration 1 en septembre 2021 :

Un mois au cours duquel vous allez agir concrètement. Vous êtes acteur de vos propres changements et de votre évolution personnelle. Vous posez les premières pierres de ce que vous souhaitez réaliser. Déménagement, nouveau travail, nouvelle activité, nouveau régime … vous vous sentez prêt et d'attaque. Après les réflexions et les prises de décisions des mois précédents, maintenant vous voulez passer à l'action.

Cette période vous promet de l'enthousiasme, de la détermination, mais aussi de la persévérance. Vous savez ce que vous voulez et on ne vous fera pas changer d'avis. Il se peut que vous tiriez avantage de ce qu'éventuellement vous auriez déjà commencé plus tôt, ce qui vous donnera l'envie de continuer.

Attention, toutefois, à ne pas être trop exigeant avec les autres, ne pas imposer tous vos désirs et toutes vos volontés. Les autres pourraient vous reprocher d'être égoïste.

Ce peut également être une période au cours de laquelle vous devez prendre soin de vous, faire un check-up santé.

Certains utiliseront cette période pour se reposer, se recharger en énergie avant d'agir complètement.

Vous ressentez l'envie de liberté et de détachement, qui est l'énergie majeure de l'année. Vous pourriez avoir des prises de conscience, des intuitions très fortes, comme si certaines choses vous apparaissaient maintenant comme des évidences. C'est aussi le bon moment pour vous libérer de vieilles croyances ou tout au moins, comprendre que d'autres possibilités existent.

La vibration 2 en septembre 2021 :

Ceux qui auraient tout balayé pour recommencer, le feront de manière plus calme et posée ce mois-ci. C'est un nouveau départ avec davantage de conscience dans ce que l'on souhaite et ce que l'on ne veut plus. Les autres ralentiront quelque peu leurs élans, mais en profiteront pour amener plus de maturité, d'ambitions (réalisables) et de sagesse dans ce qu'ils ont entrepris. Un temps, un peu plus calme, pour s'impliquer sans être bousculé. Vous découvrirez peut-être certaines de vos limites, mais vous pourriez aussi réaliser à quel point vous pouvez, si vous le souhaitez, aller plus loin. Vous pourriez également inclure dans ces énergies de septembre, de nouvelles idées, qui viendront se greffer à vos projets, les rendant plus ambitieux et évolutifs.

Vous comprendrez pleinement que vous êtes le créateur de ce que vous vivez. Parfois c'est difficile à reconnaitre. Mais quand c'est fait, on est plus conscient et responsable de ces actes et de ses pensées. En changeant ceux-ci, on change notre environnement immédiat... Certains pourraient effectivement se rendre compte que les actions qu'ils ont sont finalement à l'origine de ce qu'ils vivent, et qu'ils sont dans la contradiction entre ce qu'ils pensent et ce qu'ils font. (C'est comme savoir et être d'accord que l'on doit perdre du poids, mais continuer de manger des gâteaux, c'est contradictoire).

La vibration 3 en septembre 2021 :

Au cas où vous auriez été « secoué » émotionnellement le mois précédent, vous prendrez un peu de temps pour vous stabiliser. Vous avez besoin de réfléchir sur vous-même, sur les évènements, sur vos réactions, sur les changements et même sur les décisions que vous avez prises. Un peu comme si vous posiez vos actes sur la balance. Vous reverrez vos priorités et réfléchirez de nouveau sur le bien-fondé de vos désirs et ce que leurs concrétisations vous apportent (ou vous apporteraient s'ils se réalisaient).

Mais ce mois de septembre est aussi source de déblocages, de chances, ce peut être l'occasion d'encore finir des choses qui doivent l'être avec encore plus d'ouvertures « derrière ». Vous vous sentez encouragé et plein d'énergie. Il est possible que vous deviez « choisir » entre plusieurs offres. Il faudra vous diriger vers ce qui peut vous apporter une harmonie, le plaisir de faire ce qui vous attire le plus. Vous pourrez demander conseil à des personnes de confiance ou simplement suivre votre voix intérieure. Sachez que vos choix seront importants ici, car ils détermineront ce que vous êtes « prêt » à expérimenter. Alors faites-les en âme et conscience après de mûres réflexions. C'est le moment de vous mettre « au clair » avec vous-même.

La vibration 4 en septembre 2021 :

Vous êtes à présent pleinement l'acteur et le créateur des changements de votre vie. Même si certains d'entre vous ont encore l'impression de subir, vous êtes davantage dans l'acceptation. C'est le moment de retrouver une certaine paix avec vous-même et de penser à vous. Il sera sans doute nécessaire de couper des liens avec le passé, d'avoir confiance en l'avenir et en vos capacités. Vous savez à présent qu'il faut compter sur vous-même, que vous ne serez jamais mieux servis que par vous-même. Ne pas tout attendre des autres, ni que cela vous tombe du ciel. C'est une grande avancée pour vous et en ce mois de septembre, vous êtes prêt à partir sur des bases plus solides, en sachant vers quoi vous voulez aller. Si vous avez mis en route des projets depuis le début de l'année, tout se concrétise davantage, tout évolue, et quelque part vous vous sentez soulagé. Vous reprenez courage et force, et l'entrain revient. C'est le moment de vous y mettre à fond.

Faites-vous confiance et ayez foi en ce que vous faites ! Vous semblez plus réaliste. Vos décisions sont fermes et définitives. Si vous pratiquez une activité particulière, vous serez très occupés et très créatifs.

Les célibataires pourraient rencontrer une personne avec laquelle ils ont envie de s'engager de manière durable (ou il peut s'agir d'une personne pouvant vous aider à tourner la page et guérir de blessures passées) mais cela ne veut pas dire que la relation que vous débutez sera durable... Dans l'ensemble, au niveau émotionnel, vous vous sentez beaucoup plus stable et reposé que le mois précédent. On appréciera votre capacité à rester confiant, généreux, et disponible.

La vibration 5 en septembre 2021 :

Ce mois vous demande de ne rien relâcher et de perdurer dans vos efforts. Par envie ou par manque de choix, peu importe, dans tous les cas, vous devez suivre le mouvement, avancer dans les changements entrepris, confirmer vos décisions. Il y a parfois des règles à suivre, qui sont indépendantes de vous, et vous devez vous en accommoder. C'est votre flexibilité et votre capacité à vous adapter rapidement que vous travaillerez principalement. Vous reprenez davantage conscience de l'importance de vos actions sur le monde qui vous entoure et sur les personnes qui partagent votre quotidien, que ce soit au travail ou à la maison. Après avoir exprimé clairement certaines choses le mois précédent, vous allez plus ou moins mettre de l'eau dans votre vin comme on dit, et être plus attentif aux autres. Les contraintes ressenties, ou les difficultés, sont là pour mettre votre patience, votre persévérance et votre confiance en vous-même à l'épreuve. Soyez-en juste conscient, et persévérez, faites preuve de sagesse, et tout devrait bien se passer !

La vibration 6 en septembre 2021 :

Cela continue de bouger et d'avancer pour vous en ce mois de septembre. C'est aussi l'occasion de démarrer vraiment si vous avez attendu la rentrée. Vous êtes sur de meilleures bases, et vous êtes aussi plus calme que les mois précédents. Vous êtes animé par tout ce que vous voulez faire. De nouvelles rencontres pourraient aussi vous ouvrir l'esprit, comprendre certaines choses, ou vous aider à lâcher-prise sur ce qui doit l'être. Vous avez toutefois tendance à vous disperser un peu, et il faudra davantage vous concentrer. Mais cela ne devrait pas être trop gênant. C'est aussi une période au cours de laquelle certains d'entre vous seront face à leurs responsabilités, d'autres « reverront » celles qu'ils ont, afin de se décharger un peu. Vous ne pouvez pas tout faire pour tout le monde, ni faire les choses à leurs places. Petit à petit, vous serez davantage un guide plutôt qu'un « remplaçant ». (En gros, vous leur apprenez à faire les choses eux-mêmes plutôt que de le faire pour eux...) Il est possible que certaines personnes tentent de vous « ramener » à la raison, vous faire craquer, manipuler ... mais dans l'ensemble, vous apprenez à dire « non » et à garder certaines distances...

La vibration 7 en septembre 2021 :

Enfin la rentrée ! vous repartez d'un pas déterminé, l'esprit clair et vous avez tout en tête. Prêt à agir concrètement et dans le bon sens. Vous allez déployer pas mal d'énergie à ce que les choses se déroulent dans l'ordre prévu. Ce qui pourra, dans un autre sens, être rapidement très fatigant, ou rébarbatif pour certains... malgré tout, vous êtes content de pouvoir enfin faire quelque chose et l'enthousiasme devrait être un booster. Profitez rapidement de mettre en route, dès le début du mois, car ensuite la rétrogradation de Mercure pourrait vous faire commettre des erreurs, ou ralentir tout ce que vous commencerez... Ce n'est donc plus le moment d'hésiter. Foi et confiance en vous plus que jamais. D'ailleurs vous devriez le ressentir car l'énergie 7 vous permet de ressentir toutes les énergies environnantes. Certains s'empresseront d'être actif, tels des rouleaux compresseurs. Un peu comme si, vous jouez contre le temps. Ce temps est précieux et vous le savez.

Si vous n'avez toutefois pas l'occasion d'avancer d'un seul coup début septembre, rassurez-vous, vos projets prendront forme quand même, ils seront sans doute plus longs à se mettre en place ou pourraient rencontrer des contretemps, ce n'est pas si grave en soi, mais cela aura le don d'aiguiser votre susceptibilité... qui pourrait se répercuter autour de vous.

La vibration 8 en septembre 2021 :

La rentrée propose de nouveaux élans d'énergies. Beaucoup de découvertes et l'occasion de mettre en ordre vos idées, de vous réorganiser si besoin et de prendre un nouveau départ dans une conscience plus posée et moins agitée. Vous faites des choix en accord avec vos convictions profondes. Encore une fois, vous êtes maître de votre destin. Si vous avez « balayé » beaucoup de choses au cours de l'été, vous serez en mesure d'accueillir du renouveau. Soit, vous réorientez encore vos projets si vous pensez pouvoir faire mieux ou autrement, ou si vous pensez vous être trompé, soit vous prenez totalement une voie différente. Si vous comptiez déménager (et si vous ne l'avez pas encore fait), ce mois comporte des énergies d'installation. Ce peut également être des travaux qui se terminent et dont vous sentez l'amélioration dans votre confort. Vous semblez mieux gérer les émotions et vous vous adaptez de plus en plus facilement. Une période qui peut aussi correspondre à de premières récoltes par rapport à ce qui aurait déjà été mis en place et qui vous ouvre les yeux sur ce qui fonctionne et ce qui ne fonctionne pas comme vous le souhaiteriez. Dans l'ensemble, vous vous sentez plus libre, encouragé, et plus équilibré. Notez que si vous n'avez pas pris le temps de vous reposer suffisamment, la rentrée pourrait être rapidement épuisante. En ce mois de septembre, pensez à prendre un peu de repos dès que vous le pouvez pour vous « recharger » ou prendre soin de vous.

La vibration 9 en septembre 2021 :

La rentrée semble prometteuse. Intuitions et prémonitions vous permettent d'avoir accès à une foule d'informations qui vous rendent très conscient et lucide. Vous êtes capable d'anticiper, de saisir de bonnes occasions au passage, et cela vous rend plus serein, enthousiaste, confiant... vous semblez en harmonie entre ce que vous voulez faire et les actions que vous avez en ce sens. Vous pouvez commencer à entrevoir la finalité que vous aimeriez atteindre avec plus de précisions. Vous vous sentez prêt. Même si parfois le temps semble long et les choses difficiles à démarrer, rappelez-vous que vous êtes toujours en phase « préparatoire ». Le plus important c'est d'avoir foi et confiance en vous-même. D'ailleurs l'estime que vous vous portez remonte en parallèle. Avoir un but et savoir comment on va s'y prendre, tout faire pour poser les premières pierres, est très encourageant. Malgré tout, des imprévus se présentent encore mais vous n'en êtes pas soucieux. Au contraire, voilà sans doute encore des évènements ou des nouvelles qui pourraient finalement se révéler intéressants pour vous par la suite. Comme toujours, restez ouvert et captez un maximum de choses !

Octobre

Tendance astro du mois :

Sans surprise, vous démarrez le mois avec la rétrogradation de Mercure dans votre signe astrologique. Il sera rétrograde jusqu'au 19 octobre. Il reste en trigone à Jupiter jusqu'au 11 et en carré à Pluton jusqu'au 10. Il fera également une conjonction avec Mars entre les 7 et 13 octobre. Mars qui reste, lui aussi, dans votre signe jusqu'au 28.

Mercure qui rétrograde dans votre signe peut vous renfermer un peu, vous rendre plus timide, ou augmenter votre tension intérieure. Si des choses ne se déroulent pas comme prévues, ou si vous subissez des contre-temps, vous serez rapidement sur les nerfs. Parfois, vous ne comprendrez même pas pourquoi certaines choses se produisent. C'est un peu comme perdre ses repères, ou devoir changer ses plans. Vous avez alors tendance à vous égarer. Et vous vous en rendez compte, car la première semaine du mois, Vénus est toujours en Scorpion, et vous vous sentez rapidement frustré, jaloux, voir rancunier. Mercure a alors tendance à vous rendre insatisfait, à trouver des « coupables », à critiquer facilement ou être dans le reproche. Rassurez-vous, cela va s'atténuer assez rapidement. Cependant, avant cela, il y a quelques jours où vous serez totalement sur les nerfs, prêts à tout envoyer balader et recommencer. Du 7 au 13, lorsque Mercure et Mars seront conjoints. À cette période (à partir du 10), Mars va former en parallèle un carré à Pluton. Rappelez-vous, ce carré avec cette planète qui joue sur vous depuis 2008... il sera très actif par le carré avec Mars. Mars qui vous donne sa puissance, sa combativité, sa rébellion, qui augmente votre orgueil, votre fierté personnelle. Un Mars qui, dans votre signe, se trouve en opposition au Bélier dont il est maître... Il peut alors vous faire ressentir tout l'élan du Bélier qui fonce droit dans le tas, et qui se pose des questions qu'après... En carré à Pluton, il peut vous pousser à « asséner le coup de grâce ». C'est un carré qui pousse à la destruction totale et finale. Il y a pour vous, « l'avant et l'après octobre 2021 ». Tout ce que vous ferez ici, sera définitif, et difficile de « revenir dessus » par la suite. À cette période, Vénus sera entrée en Sagittaire. Dans ce signe, elle est aussi combative, elle défend ses droits, réfute les règles, outrepasse parfois les limites. Elle a le goût de l'inconnu et se lance dedans sans hésitation, toujours prête à découvrir de nouvelles choses, à faire d'autres activités, à rencontrer d'autres personnes, souvent très différentes de celles qu'elle a l'habitude de rencontrer...

Comme vous pouvez le comprendre, c'est une énergie puissante qui vous entoure en ce début d'octobre, une énergie pas facile à maitriser ou à utiliser avec justesse. Elle peut vous conduire dans des excès, des erreurs... mais elle peut aussi vous faire prendre un tournant à 180° dans votre vie. Soyez vigilant et attendez peut-être la fin de la rétrogradation de Mercure....

En effet, Mercure reprend sa marche directe le 20 octobre. Il sera en sextile à Vénus, et vous donnera l'envie de voir plus loin, de faire d'autres projets (peut-être plus grands). Il sera aussi en trigone à Saturne et vous redonnera une stabilité mentale avec la capacité de mettre en place de nouveaux plans d'actions, d'y inclure de nouvelles données, avec plus de réflexion et de sagesse. Vénus, elle-même en carré à Neptune à partir du 20, vous ouvre les portes de l'imaginaire, des intuitions, remonte l'idéalisme, vous montre tous les bons côtés. Vous ne resterez pas dans l'illusion, grâce aux influences de Mercure et Saturne, mais vous pourriez être capable de « trouver votre voie ». Le carré Mars/Pluton sera alors peut-être davantage maitrisé et saurez détruire, ou transformer radicalement en étant un acteur plus conscient de ce que vous êtes en train de faire.

La vibration 1 en octobre 2021 :

En ce mois d'octobre, vous pourriez être mis à l'épreuve. Vous êtes fortement sous l'influence de la lame du Diable du tarot. Il est donc possible que l'on essaye de vous leurrer, ou de vous faire miroiter de belles choses. Il est possible aussi que ce soit vous, qui ayez une attitude provocatrice ou manipulatrice.

Il serait alors intéressant de vous poser des questions sur certaines choses. N'oubliez pas que le Diable nous permet, par nos vices et nos défauts, de comprendre la voie que nous devrions prendre. Un mois « test » qui pourra vous offrir une grande ouverture spirituelle et de conscience par la suite... Mais tout n'est pas qu'en rapport avec cette lame au cours de ce mois d'octobre. C'est aussi l'occasion d'affirmer votre place dans votre environnement, d'apporter les changements nécessaires dans vos habitudes, ou encore de guider les autres qui pourraient en avoir besoin et qui ont confiance en vous.

La vibration 2 en octobre 2021 :

Votre vibration 2 au mois d'octobre pourrait vous conduire à tester votre approche des autres. Vous êtes sociable et à l'écoute, toujours prêt à rendre service, mais ici, vous devez savoir vous détacher rapidement. Vous ne devez pas vous sentir obligé de dire « oui » à tout. Vous devez garder une certaine indépendance et liberté et du temps pour vous. Vous trouvez votre véritable place entre vos obligations, et le respect de votre personne. Ce mois-ci vous propose donc d'être à l'écoute de vous-même, même si votre mental vous dit autre chose. Un équilibre à tester, et à trouver. Un mois qui vous demande également de ne pas fuir la réalité, et en même temps de ne pas la laisser vous dépasser. En parlant de réalité, il y a la réalité, et celle que vous supposez. À ressentir fortement les choses, vous en déduisez beaucoup. Mais tout ce que vous déduisez n'est pas forcément vrai et vous conduit dans des actions qui n'ont pas lieu d'être. Vous dépensez alors beaucoup d'énergie, vous vous fatiguez inutilement. Il faudra aussi vous libérer de cette tendance...

De nouvelles rencontres sont possibles ce mois-ci, et vous prendrez beaucoup de plaisir à partager, rencontrer, discuter... Des rencontres qui pourraient pour certaines, vous ouvrir de nouvelles portes, de nouvelles voies, de nouvelles visions d'approche. Il vous faudra de nouveau trier, accepter d'autres idéologies, d'autres concepts, et travailler dessus pour voir ce qui vous convient ou non.

La vibration 3 en octobre 2021 :

Toujours de l'évolution et de la transformation pour vous en ce mois d'octobre. D'autres voies s'ouvrent devant vous, certains de vos souhaits pourraient se réaliser, ou des chemins pour les atteindre se présentent. Attention à ce qui pourrait paraitre « magique », « trop facile ». On pourrait abuser de votre « faiblesse », de votre « égo » ou de votre « naïveté ». Souvent on ne voit que ce qu'il y a sous les yeux, de manière évidente, et on ne voit pas que d'autres solutions existent. C'est un mois, pour tenter de voir en chaque situation, la « 3ème voie ». l'alternative à laquelle on ne pense pas tout de suite.

Un mois qui vous demande aussi de travailler sur les besoins ou les peurs que vous cherchez à combler ou à éviter.

Dans un autre registre, ce mois d'octobre vous donne une énergie incroyable, avec la capacité de convaincre, de motiver les autres, de les rallier à votre cause. Vous êtes attirant et charismatique et il est difficile de vous résister, tout autant que tout semble vous réussir !

La vibration 4 en octobre 2021 :

En ce mois d'octobre, vous vous tournez de nouveau vers les amis et la famille. Vous êtes plus proche, plus communiquant, plus sensible au besoin de chacun. On pourrait vous confier certaines tâches, ou pourquoi pas des secrets. Vous apparaissez comme quelqu'un de stable à qui on peut faire confiance. En même temps, vous protégez votre liberté et ressentirez le besoin de vous évader un peu ou de souffler. Être près des autres oui, mais étouffer près d'eux, non… Ces moments pendant lesquels vous pouvez vous échapper, ou avoir un peu de temps pour vous, pourraient vous permettre d'ouvrir encore votre champ des possibles en découvrant à nouveau de nouvelles théories, de nouveaux centres d'intérêt ou encore en rencontrant d'autres personnes. Méfiez-vous toutefois en ce mois d'octobre de nombreuses tentations qui pourraient vous entrainer dans un mauvais chemin. Tout ce qui brille n'est pas or, ou demandera une compensation plus tard…

La vibration 5 en octobre 2021 :

Le vent tourne à nouveau, et il est vrai que cela peut commencer à être très fatigant pour certains d'entre vous. Vous avez encore de fortes intuitions, de belles idées, et même de nouvelles chances qui se présentent (à moins que ce ne soit une très belle rencontre qui attende les célibataires). Vous pourriez également récolter des fruits de ce qui a été fait précédemment. Vous semblez trouver votre nouvelle place, que ce soit dans la famille, avec des amis ou dans le travail. Vous commencez à apprécier réellement les changements entrepris car vous voyez plus clairement vers quoi cela va vous mener ou quelles portes cela peut encore vous ouvrir. Dans l'ensemble, vous êtes nettement plus serein. Si vous vous étiez détaché de certaines responsabilités, il se peut que vous commenciez à renouer avec la réalité du quotidien et que vous en assumiez de nouvelles. (Comme il se peut que ce soit votre manière de gérer vos responsabilités qui ait complètement changé). Vous êtes capable de vous sentir proche de votre entourage, tout en sachant conserver une certaine distance, ou liberté. Vous aurez peut-être envie de partir quelques jours, alors que d'autres se ressourceront à nouveau près des leurs. Vous pourriez également faire de nouvelles rencontres avec des personnes intéressantes, ou qui vous feront encore découvrir de nouvelles choses. Vous êtes ouvert et intéressé par tout ce qui vous entoure.

La vibration 6 en octobre 2021 :

Avoir remis les choses en place est utile et bénéfique pour vous. Vous avez plus de temps, moins de contraintes, et cela vous permet de vous centrer davantage sur votre propre avancée. Des coups de chances ou des opportunités à saisir pourraient faire évoluer ce que vous voulez (projet, relation…) Vous êtes dynamique, plus confiant, l'esprit plus libre, vous êtes ouvert à toutes nouvelles relations ou rencontres. Des rencontres parfois inattendues ou surprenantes, il faut bien le dire. C'est également une période de grandes avancées. Si vous aviez quelconques blocages, freins, angoisses, tout cela devrait s'atténuer largement ou s'améliorer. Pour certains d'entre vous, vous pourriez commencer à récolter les fruits de ce que vous aurez changé et cela vous motivera. Dans l'ensemble, vous avez surtout l'impression d'être plus libre ou plus léger, et de pouvoir accéder à ce que vous voulez. Si vous n'avez pas encore pu transformer quoi que ce soit, cela pourrait se produire encore de maintenant à la fin de l'année. Il se peut aussi que vous soyez attirés par de nouvelles envies, des désirs, des ambitions démesurées, et il vous faudra dans un certain sens, rester réaliste le plus possible, et ne pas vous laisser détourner.

La vibration 7 en octobre 2021 :

Si on pouvait parler de « fondations » à proprement parler pour votre vie future, on pourrait penser que c'est en ce mois d'octobre que beaucoup de choses vont se jouer. Vous prenez votre vie en main, vous êtes maître de ce que vous faites, vous assurez vos choix, assumez les responsabilités qui vont avec, et le tout avec beaucoup d'intelligence. Certains redéfinissent leur zone de confort, mettent de nouvelles règles, renforcent leurs connaissances, changent de travail, obtiennent des mutations, ou déménagent. Votre cadre de vie de manière général semble se transformer. Et même si cela n'agissait que sur un domaine, il y a automatiquement des répercussions sur les autres domaines... Il est important que votre discernement soit au top, ce n'est pas le moment de faire n'importe quoi, de croire n'importe qui, ni de vous obstiner. Restez « ouvert » et « attentif ». Une sensation de « prévoyance » pourrait parfois être ressentie par quelques-uns d'entre vous. Vous aurez alors tendance à vouloir cumuler des stocks, à établir des plannings très cadrés ... vous semblez ne rien vouloir laisser au hasard et tout contrôler.... Alors qu'en parallèle, vous pourriez vraiment perdre le contrôle. Encore une fois, tout dépend de votre caractère de départ, et de vos situations.

Le besoin de vous centrer sur le logement est important. Accordez-vous du temps pour réfléchir, voyez les conséquences éventuelles sur les membres de votre foyer. Vous avez cette capacité à réfléchir vite, mais il faut quand même prendre le temps de réfléchir ! ce n'est pas le moment de vous disperser dans vos pensées, ni d'être égoïste.

Les célibataires mais qui ont une relation pourrait envisager d'officialiser celle-ci. L'envie de fonder un foyer est très présente. Une naissance pourquoi pas, pour certains sera annoncée, pour d'autres aura lieu ?

La vibration 8 en octobre 2021 :

Des choses se mettent en place concrètement. Vous vous imposez dans l'esprit de votre nouvelle manière de vivre. Vous semblez sûr de vous, actif, ayant les choses en main. Vous attirez la confiance des autres qui apprécient votre capacité à évoluer et à vous adapter rapidement, mais aussi à prendre des décisions fermes, judicieuses et justes. Vos directives sont claires également et tout le monde sait à quoi s'attendre, ou chacun sait exactement ce qu'il doit faire grâce à vous. Vous pourriez faire de nouvelles rencontres. Certaines, intéressantes, vous ouvriront d'autres portes, vous montreront d'autres voies, évolutions possibles, et vous motiveront encore plus. Pour ceux qui ont mis en route des projets ou qui ont changé de travail, vous pourriez soit obtenir des récoltes de vos efforts fournis, soit trouver un nouvel emploi (récoltes notamment financières ou reconnaissance de la part de l'entourage). Cela vous rendra encore plus sûr de vous et votre estime personnelle remonte. Vous êtes aussi curieux et plein d'enthousiasme à l'idée d'élargir vos horizons, ou d'approfondir vos projets en cours. Des projets, vous pourriez aussi en établir de nouveaux, par exemple pour votre famille, avec un souci particulier de les protéger ou de les mettre à l'abri.

La vibration 9 en octobre 2021 :

Vous devriez avoir particulièrement envie de faire ce qui vous plait, et surtout de décompresser. Toujours prêt et impatient de démarrer réellement, mais peut-être aussi fatigué de tous les changements que vous avez réalisés que ce soit pour terminer des choses ou pour revoir sans cesse les plans de vos futurs projets…

Parfois on peut en arriver à douter, ne plus savoir où on en est finalement. Ce mois d'octobre serait propice pour vous occuper de vous, vous détendre, ou vous changer tout simplement les idées par rapport à tout le reste. Vous vous tournerez alors sans doute plus vers les autres, avec l'envie de les aider, de les soutenir, de leur trouver des solutions qui pourraient leur permettre à eux-aussi d'évoluer et d'avancer. Vous pourriez également vous détendre en vous intéressant à de nouveaux sujets ou encore en réalisant une activité particulière. C'est l'occasion de faire de nouvelles rencontres également. Attention cependant, car se rapprocher des autres et faire de nouvelles rencontres ou découvrir de nouveaux sujets, pourrait encore vous donner de nouvelles idées et de devoir à nouveau inclure dans vos projets ! Usant, je vous dis ! mais plus vos projets seront définis, préparés, bien pensés, sachez qu'ils auront plus de chances de réussir ! et surtout d'avoir des résultats au plus proche de ce que vous aimeriez obtenir (parfois même plus !). Peu à peu, vous comprendrez aussi que toute chose qui est définie à l'avance, doit toujours pouvoir être évolutive. C'est-à-dire qu'il faut laisser de la place pour le hasard, la chance, et l'abondance ...

Novembre

Tendance astro du mois :

Mars est maintenant entré dans le signe du Scorpion (le 31 octobre). Son carré à Pluton se termine rapidement (le 3), mais Mars se trouve dans le signe dont Pluton est maitre... Avant la découverte de Pluton, Mars était assignée à ce signe astrologique. Ainsi, Mars en Scorpion, c'est toujours une combinaison détonante et insaisissable. Son action n'est pas tout à fait la même que lorsqu'il est en carré avec Pluton. Ici, il ne subit pas forcément les transformations, mais il augmente la détermination, la puissance du feu, la violence du Scorpion. Il peut faire prendre des positions extrémistes, ou avoir des comportements variant de l'extrême à l'autre. Mars Scorpion n'est pas dans une position particulière par rapport à votre signe astrologique, par contre, il sera en sextile à Vénus, votre planète, qui va durer jusqu'à la mi-décembre. Et il sera en carré à Saturne jusqu'au 23 novembre. Notez que Vénus est en Capricorne à partir du 6 novembre et jusqu'à la fin de l'année (le Capricorne étant le signe de Saturne). Dans ce signe, elle est en carré avec vous, et elle se laisse emportée par son trigone avec Uranus (à partir du 13). Toujours un grand besoin d'air et d'espace, d'autonomie, de faire ce qui vous plait quand ça plait et comme ça vous plait… Une attitude appuyée donc par Mars qui peut à nouveau éveiller en vous, le besoin d'expérimenter d'autres extrêmes, d'aller à l'encontre des « on dit », de ne pas croire sur parole tout ce que l'on vous dit, de rejeter en bloc pas mal de choses avec le besoin de voir par vous-même. Vous serez également têtus et ne supportez pas que l'on vienne se mêler de vos affaires. Si vous connaissez un peu le jeu de tarot, ce mois de novembre, pourrait ressembler à la lame de La Maison Dieu, que l'on nomme aussi la Tour. Vous renversez le conventionnel, vous jetez et rejetez à tour de bras… mais attention, parfois, ce n'est pas vous l'acteur… et vous pouvez vous-même, subir ces voltefaces, ces retournements de situation, ou être « prisonnier » des lois et des règles de la communauté. Notez qu'en s'opposant à Uranus, Mars a aussi tendance à faire agir rapidement, sans forcément réfléchir, par instinct, par pulsion, ou envie. Et notez également que du 6 au 24, Mercure transite également le Scorpion. Ceci est intéressant dans l'ensemble de ce tableau. En effet, au-delà des apparences que je vous décris, Mercure en Scorpion, va former des configurations successives qui dans l'ensemble peuvent donner comme résultat de transformer totalement vos croyances, de vous ouvrir ou de découvrir une toute autre philosophie de vie, une spiritualité très différente. Il peut aussi au final, vous donner accès à l'inconscient, comprendre les choses de manière bien plus subtile et au-delà des apparences... Aller, ne vous laissez pas emporté par toutes ces énergie, et allez directement à la recherche de cette nouvelles spiritualité, vous gagnerez du temps ! D'autant plus que l'entrée de Mercure en Sagittaire, à la fin du mois (le 25), vous permettra de comprendre plus loin, de voir les choses de plus haut, dans leur ensemble, d'avoir toutes les facettes en même temps, d'ouvrir votre esprit et votre conscience à de nouveaux horizons...

Mars reste en Scorpion durant tout le mois de novembre. Il y est entré au 31 octobre. Mars en Scorpion vous permet d'agir à vos fins personnelles. Il donne de l'ampleur à vos envies et désirs ! Son sextile à Vénus reste actif durant tout le mois également. Mais Vénus passe en Capricorne rapidement, dès le 6 novembre. Les premiers jours du mois, vous pourriez donc avoir des rêves intenses, des projets grandioses, des intuitions très fortes. Et à partir du 6, vous devenez un peu plus raisonnable, vous revenez dans le monde concret et matériel ; vous comprenez ce que vous pouvez vraiment faire ou non, quelles limites vous ne pouvez pas dépasser. Vous saurez également davantage dire « non » quand ce sont les autres qui abusent de vous, de votre temps, de votre compassion ... Mars sera pratiquement tout le mois en carré à Saturne et en opposition à Uranus. Dans le signe du Scorpion, il vous permet notamment d'entamer, continuer, ou achever des transformations importantes en vous et autour de vous. Notez que son carré à Saturne et son opposition à Uranus peut toutefois vous faire agir de manière impulsive (et avec Vénus en Capricorne, de manière bien têtue et déterminée). En gros, ici, vous ne lâchez rien. Vous semblez conscient de vos besoins, de ceux des autres dont le bien-être reste important à vos yeux, mais que l'on ne vienne plus marcher sur vos plates-bandes ! Tout ce qui doit être remis en cause, le sera de manière radicale et définitive. Il se peut toutefois que certains d'entre vous, ne soient pas les initiateurs de ces changements soudains, et qu'ils vous « tombent » dessus. (tout dépend si Uranus prend le dessus dans son opposition à Mars). Dans tous les cas, il faudra réagir instinctivement. Dans un sens positif, il se peut que ce soit une opportunité qui se présente, une nouvelle qui arrive, qui fera avancer les situations.

Lors du passage de Vénus en Capricorne, Mercure entre le même jour en Scorpion ou il va faire une conjonction avec Mars du 6 au 17 novembre. C'est à cette période que vous serez le plus dans l'action ou la réaction instinctive. Faites confiance en vos intuitions ! Prenez conscience de certains de vos comportements ! Mercure en Scorpion, c'est aussi des remises en question intenses, un changement dans les croyances, l'accès à des connaissances « innées ». Encore faut-il être en confiance avec soi-même, et aussi ne pas rester trop cartésien, logique, et analytique. Évidemment, cela peut vous rendre nerveux, voir susceptibles. Soyez-en conscient dans vos rapports avec les autres. Ce peut aussi être une période pour s'auto-analyser (surtout que votre sens critique sera développer), mais sans se dévaloriser. Notez que vos rapports aux autres peuvent être tendus cependant.

Dans l'ensemble, au cours de ce mois, vous pourriez ressentir le besoin de vous isoler, de vous éloigner des autres, d'avoir besoin d'air, d'espace et de liberté.

La vibration 1 en novembre 2021 :

Si le mois précédent vous permet d'affirmer votre place dans votre environnement, il sera nécessaire ce mois-ci de comprendre également l'impact que vous avez sur les autres. Êtes-vous autoritaire ? Leader ? avez-vous l'habitude d'assumer à la place des autres ? ou peut-être que durant le mois, vous serez mis face à vos responsabilités et qu'encore une fois, la suite ne dépendra que de vous. Au cours de ce mois, le monde pourrait tourner autour de vous et vous placer plus haut que vous ne le voudriez, ou que vous ne l'espériez. Votre conscience va travailler entre « le bien » et « le mal ». Vous aurez aussi un attrait pour de nouvelles connaissances, l'envie de faire et partager de nouvelles découvertes. Vous êtes capable de guider d'autres personnes mais vous puisez aussi vos sources de connaissances auprès des autres. Attention de ne pas trop vous imposer avec autorité cependant.

La vibration 2 en novembre 2021 :

Vous semblez avoir besoin de vous rapprocher de ceux que vous aimez, besoin de vous sentir soutenu, écouté. Notamment avec le partenaire, mais aussi avec les enfants si vous en avez. Vous avez envie de vous « livrer », de faire plaisir, de partager des souvenirs...

Vous savez faire la part des choses. Vous ne laissez plus les évènements s'interférer les uns dans les autres dans votre vie. Par exemple, ce qu'il se passe au travail reste au travail. Ce qui se passe chez vous, reste chez vous. Vous trouvez ainsi un équilibre émotionnel extérieur, car intérieurement ce peut être difficile avec une tendance à refouler pour ne « rien montrer ». Vous êtes aussi présent pour chacun de votre proche, le cœur grand ouvert, curieux de les découvrir ou les redécouvrir. Vous vous rendrez compte que, soit les autres ont évolués aussi, soit vous n'avez plus grand-chose en commun … Mais vous saurez accepter chacun tel qu'il est (ou il faudra bien que vous acceptiez…)

La vibration 3 en novembre 2021 :

Tout comme en février, vous perfectionnez votre savoir ; vous vous intéressez à de nouvelles connaissances, vous vous réjouissez de nouvelles découvertes. Vous êtes très curieux. Tout cela peut encore remettre en cause vos croyances de base. Vous élargissez d'ailleurs à l'ensemble du monde qui vous entoure. Vous pourriez comprendre l'impact de vos actes, de vos paroles et même de vos pensées sur les autres ou dans votre quotidien. En même temps, vous êtes lucide et ce mois pourrait être un test pour la confiance que vous vous accordez et la foi que vous avez en vous.

Au cours de ce mois, vous avez toujours la possibilité de tout remettre à plat et de recommencer si vous le souhaitez. C'est l'avantage du 3, on peut toujours faire et défaire, puis refaire. L'essentiel est d'arriver à la fin à savoir exactement ce que l'on veut (le 3 c'est fait pour tester).

Il est possible aussi que ce soit des évènements extérieurs qui se produisent et viennent chambouler tout ce que vous avez mis en place. Si tel est le cas, ne soyez pas désappointé, et dites-vous que vous étiez probablement parti dans le mauvais choix ... Certains de ces évènements peuvent aussi se produire pour tester votre foi, votre courage, et l'intensité du désir que vous aviez à réaliser ce que vous étiez en train de faire. En ce sens, c'est donc le mois pour affirmer vos choix d'avenir, ou pour vous rendre compte une bonne fois pour toute que ce n'était pas vraiment ce que vous vouliez.

La vibration 4 en novembre 2021 :

Attention, si vous vous êtes laissé entrainer dans des belles promesses le mois précédent, vous pourriez être en pleine illusion au cours de cette période. Rêve ou cauchemar ... Il sera important de vous stopper un moment pour réfléchir et vous connecter à vos intuitions qui elles, ne vous tromperont pas !

Ce mois de novembre peut être intéressant pour vous permettre de faire un petit bilan de l'année. Tout doucement, vous allez commencer à sentir l'énergie de la vibration que vous aurez l'an prochain, et certains comprendront qu'il est important de mettre tout en place dans l'environnement. Tout ce que vous faites, ou avez mis en route , ont forcément des répercussions sur vos proches, collègues, ou amis. Vous pourriez ressentir également que vous êtes pleinement en évolution, en transformation, et que vous avez plein de possibilités encore, devant vous. Il ne faut pas vous limiter à ce que vous aviez imaginé. Vous pouvez vous permettre encore plus. (selon ce que vous faites à cette période-là). Il est important de vous épanouir, ou de montrer aux autres que vous vous épanouissez dans ce que vous faites. Si malheureusement, vous ne faites pas encore ce que vous aimeriez faire, ce peut être le bon moment, pour l'exprimer aux autres et peut-être trouverez-vous de l'aide autour de vous, pour vous aider à démarrer. Car oui, jusqu'au bout de l'année, il n'est jamais trop tard pour vous, pour trouver votre voie et vous y impliquer !

La vibration 5 en novembre 2021 :

Vous vous réinvestissez de plus en plus auprès des vôtres. Plus communiquant, plus à l'écoute. Vous vous rendez disponible dès que vous le pouvez. Attention, de ne pas retomber dans certains pièges limitants cependant. Certains tenteront peut-être de vous rappeler le bon vieux temps, ou chercheront à comprendre pourquoi vous avez changé... Ce sera alors un test pour la foi que vous vous portez à vous-même. C'est également un mois au cours duquel vous rapprocher des autres, ou faire de nouvelles rencontres pourraient vous apporter de nouvelles connaissances, ouvrir à nouveau votre curiosité sur d'autres sujets, d'autres centres d'intérêts, ou vous en apprendre davantage sur un sujet qui vous tient à cœur. C'est le moment d'approfondir certaines de vos connaissances, ou que vous aviez débuté en début d'année.

La vibration 6 en novembre 2021 :

Un mois qui ressemblera au précédent dans son ensemble. Votre cercle social s'agrandit. Vous découvrez de nouveaux domaines intéressants. Vous êtes ouvert à beaucoup de possibilités mais vous êtes aussi un peu plus réaliste qu'en octobre. Votre place au sein de votre groupe semble bien mieux défini. Vous retrouvez un équilibre, ou vous recréez une nouvelle zone de confort, mais qui est différente de celle dans laquelle vous étiez en début d'année. Vous vous appliquez à faire régner l'harmonie le plus possible. Vous êtes également attentifs aux besoins réels des personnes qui vous entourent.

Si vous n'aviez encore rien changé véritablement et que certaines choses ont débutées seulement le mois précédent, vous pourriez tout vivre en accélérer ce mois-ci. Attention c'est déstabilisant. Ces changements peuvent s'opérer autour de vous, dans votre environnement, mais aussi en vous, face à vos comportements et vos responsabilités.

La vibration 7 en novembre 2021 :

Attention, les énergies repartent de plus belles, et d'autres voies, d'autres possibilités, d'autres transformations sont encore et toujours possibles. Vous pourriez même encore avoir la possibilité de réorienter vos objectifs ! tout comme pour le mois précédent, ne vous perdez pas en route, même avec beaucoup d'intuitions, il ne faut pas vous éparpiller. L'un des challenges de l'année est justement de rester centré, concentré, précis dans vos pensées et envers vos objectifs personnels. Les tentations de découvertes, de curiosité sont grandes. Certaines sont bénéfiques, dans le sens où elles peuvent vous apporter des informations supplémentaires par rapport à ce que vous faites ou savez déjà… d'autres ne sont là que pour détourner votre attention… passerez-vous le test ? rappelez-vous : le 7 et le 4, il faut avant tout approfondir vos bases… élargir votre champ de vision dans un cadre précis ….

Au niveau relationnel, vous pourriez également être distrait, notamment par une rencontre inattendue et souvent agréable. Une personne qui sait vous détendre, qui semble capable de briser votre carapace, et avec laquelle vous partagez de bons moments, qui vous permet d'oublier un peu votre présent ... justement ... Si vous restez en conscience de vos obligations et objectifs premiers, ce n'est pas un problème... si cela vous entraîne dans la flatterie, l'idolâtrie, ou le sentiment d'être tout puissant et que tout vous réussit... c'est autre chose... d'autant plus que peu à peu vous commencez à ressentir l'énergie qui vous accompagnera l'année suivante, et qui concerne la gestion de vous-même, l'abus de pouvoir, la véritable valeur des choses etc ...

La vibration 8 en novembre 2021 :

De l'imagination, des intuitions, des idées lumineuses et vous voilà de nouveau en train d'assembler tout cela pour intégrer dans tout ce qui est déjà en cours. Vous voyez plus loin, plus grand, (attention aux ambitions démesurées ou aux illusions). Vous pourriez utiliser ce mois pour acquérir de nouvelles techniques ou de nouvelles connaissances. Tout cela est bénéfique pour vous. On « sent » que tout ce que vous faites semble réfléchi. Vous êtes dans l'ensemble prévoyants et calmes, ce qui vous évitera probablement certains pièges. Vous pouvez aussi anticiper pas mal de choses. Il se peut que vous revoyiez à nouveau vos plans ou reveniez sur certaines de vos décisions grâce à tous les nouveaux éléments que vous avez maintenant en main. Toutefois, il est possible que certains d'entre vous ressentent en cette période, une crainte de l'avenir. Mais en même temps, vous ne vous découragez pas et continuez d'aller de l'avant. Vous êtes parfaitement capable d'élaborer de nouvelles solutions pour résoudre tout blocage. Surtout n'hésitez pas à suivre vos intuitions très présentes, elles vous indiqueront exactement ce que vous devez faire. (Ici aussi, il faut maîtriser les idées provenant de l'égo et celles provenant de votre intelligence supérieure).

La vibration 9 en novembre 2021 :

L'impatience peut se faire de plus en plus présente, la fatigue nerveuse aussi. Des doutes sont toujours présents avec tous les changements que vous avez faits. Vous pourriez même vous demander si finalement vous avez faits les bons choix ou pris les bonnes décisions. À tout modifier tout le temps, vous n'êtes plus vraiment sûr de rien. Avez-vous pensé que peut-être vous cherchiez à contrôler trop de paramètres ? Vous serez tenté de discuter de vos projets et de vos envies avec d'autres personnes, notamment une personne de confiance dans votre entourage, et de partager vos inquiétudes… pourtant vous sembliez si sûr de ce que vous vouliez et même temps vous paraissez si désorienté par tant de transformations… peut-être ressentez-vous que vous n'allez pas y arriver… vous angoissez… sachez que si vous avez encore des peurs, c'est qu'il y a probablement encore des choses à lâcher… car quand on n'a plus rien à perdre, on a tout à gagner… qu'avez-vous encore à perdre ? qu'est-ce qui vous freine encore et qui vous fait peur ? Vous comprendrez alors que vous avez encore des conflits intérieurs, que des blocages sont toujours là, que certaines situations ne sont pas encore totalement au clair… il vous reste 1 mois pour y remédier et obtenir votre feu de vert ! Sans aller si loin, ce peut également être un mois dans lequel vous faites du tri dans vos affaires. Débarrassez-vous de ce qui nous sers plus, donnez-les aux autres, ils en seront ravis !

Décembre

Tendance astro du mois :

Un mois de décembre qui se coupe en 2 parties. La seule constante de ce mois est Vénus, votre planète, qui reste dans le signe du Capricorne. Elle sera en sextile à Neptune et en conjonction avec Pluton durant tout le mois de décembre. Et elle reste en sextile à Mars jusqu'au 16.

Vénus en Capricorne est, comme le mois précédent, en carré à votre signe astrologique. Dans ce signe, elle peut vous faire paraitre froid, détaché, solitaire. Elle vous permet de prendre le recul nécessaire par rapport aux situations ou aux évènements, tout en préservant votre intimité et vos ambitions. Elle peut vous mettre sur la défensive, toujours prêt à riposter si l'on vient piétiner vos plates-bandes. Votre obsession serait de protéger votre territoire. Sa conjonction à Pluton peut vous faire dépasser certaines limites et vos émotions sont intenses, souvent intériorisées. Vous pourriez vivre des moments pas faciles, avec une sensibilité à fleur de peau. Mais ce seront des expériences qui vous feront encore grandir intérieurement, qui peuvent encore vous faire prendre des décisions qui auront un impact dans votre vie quotidienne. Dans un sens positif, Vénus peut ici, vous faire prendre la décision définitive de faire ce que vous aimez le plus, envers et contre tout, et de vous imposer. Comme toujours, tout dépend de ce que vous souhaitez faire, de vos situations personnelles et comment vous utilisez ces énergies. Son sextile à Neptune, augmente vos intuitions et vos ressentis. Mais vous n'êtes pas « dans la lune » ! Vous savez rester concret et cartésien. Vous semblez connecté à votre idéal que vous poursuivez, sachant ce que vous voulez, et avec beaucoup de créativité. Elle peut toutefois, elle aussi, augmenter votre sensibilité et vous faire réagir par pulsions émotionnelles.

Comme je vous le disais plus haut, ce mois de décembre peut toutefois se couper en 2 parties. Sur cette toile de fond de Vénus, du 1er au 13 décembre, Mars est toujours dans le signe du Scorpion, ou il influence Vénus par le sextile qu'ils forment ensemble. Comme le mois précédent, il augmente les pulsions de Vénus, en la rendant combative et en révélant certains désirs et besoins qui peuvent sembler urgents et nécessaires. Mars est aussi en carré à Jupiter (jusqu'au 22), en sextile à Pluton (jusqu'au 15) et en trigone à Neptune (jusqu'au 11). Un Mars plutôt explosif, qui peut également vous faire prendre des risques, augmenter votre nervosité et votre impatience. Ici encore, c'est une période au cours de laquelle vous « testez » les extrêmes autant dans les actes, que dans les paroles ou les sentiments. N'oubliez pas que le « but » est de tester les extrêmes pour que vous trouviez un équilibre... Mercure toujours en Sagittaire, vous permet également de penser à l'avenir, d'avoir d'autres idées et participe ici encore à l'expansion de conscience. Comme le mois précédent, il vous permet de prendre mentalement une certaine distance vous permettant de ne pas vous laisser leurrer ou aveugler, et de comprendre les différents angles possibles. Son énergie est donc importante pour vous durant cette première quinzaine, utilisez là !

Dans la deuxième quinzaine du mois, le 14, Mars entre dans le signe du Sagittaire et Mercure dans celui du Capricorne. Si vous avez bien utilisé les énergies de Mercure en Sagittaire, alors ici, votre raisonnement redevient logique, vous trouvez des solutions, des idées, que vous pourrez mettre en pratique bientôt. Vous pouvez ressentir comme un « dénouement » qui approche. Bien sûr, Mars peut vous rendre toujours impatient, mais ici, c'est une impatience de commencer quelque chose de nouveau, d'être « enfin » libéré de beaucoup de choses. Votre compréhension est plus large, plus réfléchie, votre philosophie de vie a sans doute changée. Vous avez envie de vous lancer dans de nouvelles expériences qui vous ouvriront d'autres portes, et cela en direction de l'idéal ou de l'équilibre que vous voulez atteindre. Mars vous rend impatient, mais vous donne aussi la volonté et le courage d'avancer, de vous lancer dans ce nouvel épisode qui vous attend. Vous retrouvez foi et confiance en vous.

Il est possible que vous ne sachiez pas encore comment bien mettre en place ces solutions. Mais si vous êtes honnête envers vous-même, vous comprendrez peut-être que dans le fond, vous avez peur de vous tromper, de ne pas être à la hauteur. Alors votre envie de perfection et de réussite peut reprendre le dessus, et vous cherchez à tout comprendre, tout analyser, afin d'avoir un maximum de données possibles. C'est là, que la volonté et le courage de Mars sera important : pour ne pas vous démoraliser, pour oser sortir encore de votre zone de confort et de vos craintes.

Finalement, certains d'entre vous auront peut-être vécu une année tourmentée. Mais une année pleine de rebondissements dont le but principal est de vous faire lâcher beaucoup de choses sur des caractéristiques de votre signe qui sont « mal utilisées » : une perfection exagérée dans beaucoup de domaines, une influence sur les autres trop prononcée, une faculté à juger ou à conseiller trop teintée de vos intérêts personnels, une zone de confort routinière et ennuyeuse dont vous n'osez pas sortir et qui finalement vous empêche d'évoluer... En sachant tout cela « par avance », et si vous avez lu ce guide en entier dès le début de l'année, vous pouvez être en mesure de « repérer » les situations qui « travaillent » ces sujets, d'anticiper, de comprendre rapidement ce qu'il se passe et pourquoi. Il ne faut pas vous borner et vous ouvrir, vous remettre en question souvent. Dites-vous que 2021, (et pour tout le monde, quel que soit le signe astrologique), doit amener un travail personnel intense, pour retrouver son identité, son authenticité, sa créativité, et la juste expression de soi (et c'est aussi le travail demandé par Chiron en Bélier...)... Une année où chacun va travailler son individualité dans des évènements sociaux changeants. Mais si chacun le fait, alors en 2022, chacun pourra apporter ce qu'il a de meilleur dans la société... (2022, une année en vibration 6, tournée vers l'aspect relationnel, social, où chacun doit « trouver » sa place...)

La vibration 1 en décembre 2021 :

Un mois de décembre au cours duquel beaucoup de choses devraient à nouveau s'accélérer et prendre de l'ampleur, parfois même en dehors de votre contrôle ! Vous voilà pris dans un tourbillon et il sera inutile d'aller à contre-courant. Vous reviendrez difficilement en arrière. De nouvelles occasions peuvent se présenter et donc de nouvelles décisions à prendre. Et il faudra parfois faire vite ! Est-ce un dernier test de l'année, pour voir si vous allez reproduire les erreurs passées ? c'est possible. Il est nécessaire pour vous d'être hyper connecté à vos intuitions à cette période et à votre foi personnelle, vous « saurez » naturellement ce qu'il se passe, verrez de façon quasi instantanée, les résultats à long terme des différents choix que vous pouvez faire. C'est donc l'esprit clair, ouvert, conscient que vous agirez ce mois-ci.

Conclusion sur la vibration personnelle 1 pour l'ensemble de l'année

Retenez principalement que cette vibration vous ouvre de nouvelles portes. Vous êtes à l'aube de faire de nouvelles choses, vivre de nouvelles expériences, faire de nouvelles rencontres, élargir votre conscience. C'est une vibration qui vous propose de vous centrer et de prendre conscience de vous-même, de vos qualités, de vos défauts, de vos possibilités propres. Elle vous individualise afin que vous puissiez vous reconnecter avec vous-même. Elle peut aussi vous rendre plus fort, plus sûr de vous.

Ceux d'entre vous qui sont très tournés vers la réflexion, la raison, l'intelligence cartésienne s'ouvriront naturellement à leur intuition et leur petite voix intérieure. Alors que ceux qui ne fonctionnent que par intuition, devront développer la confiance qu'ils se portent à eux-mêmes. Le « 1 » ce n'est que le début de votre transformation. Et dans l'année en 5, vous ne pouvez qu'évoluer et progresser !

La vibration 2 en décembre 2021 :

Tout ce que vous avez expérimenter auprès de vos proches, ou dans votre milieu social global précédemment, sera examiné à la loupe. C'est une période de remises en question, de réflexions personnelles, d'élévation de conscience, qui pourraient réveiller à nouveaux vos doutes, le bien fondé de vos croyances etc... Mais parallèlement, vous ne serez pas seul, car vous en parlerez, vous échangerez, et c'est cela le plus important. Vous pourriez aussi faire de nouvelles découvertes, accéder à de nouvelles connaissances qui, elles-aussi, viendront remettre en cause ce que vous connaissez déjà, ou approfondiront votre savoir. Vous serez heureux aussi de partager cela avec une personne qui vibre sur la même longueur d'onde que vous. L'échange reste pour vous « constructif », tout au long de l'année.

Le mois de décembre est source également de chances et d'opportunités, mais certaines sont à saisir en conscience… En effet, en avez-vous besoin ? car si vous observez bien, il se peut que cela ne vous convienne pas pleinement et que vous ôtiez une opportunité à une personne qui en aurait davantage besoin que vous…

Conclusion sur la vibration personnelle 2 pour l'ensemble de l'année

Dans une année en vibration 5, au cours de laquelle les évènements se multiplient, la roue tourne, les chances se présentent … il faut pouvoir faire ces choix rapidement. Mais les choix impliquent une conscience de ce qu'il se passe. On ne peut pas tout prendre, ou tout choisir, ou choisir par opportunisme. Il faut être capable de saisir au vol ce dont on a réellement besoin, ce qui correspond vraiment à nos besoins… tout au long de l'année, vous apprendrez à explorer les conséquences des choix que vous faites…

La vibration 2 dans l'année 5 peut vous permettre d'inverser la tendance de votre vie actuelle. Vous avez les cartes en mains, les choix en main, les possibilités qui se présentent. Il y aura le « vous » d'avant, et le « vous » d'après.

La désorientation peut aussi être présente, vous avez l'impression de vous égarer, d'entrer dans des impasses, et dès que vous vous en rendrez compte, vous découvrirez rapidement que vous avez d'autres possibilités. Les émotions peuvent fluctuer aussi de manière extrême, pour que vous appreniez à les gérer, ou à comprendre les actions que vous avez en fonction de vos émotions. Vous comprendrez peu à peu que ce sont certaines de vos émotions qui guident votre vie, souvent dans les voies que vous ne souhaitez pas…

Le 2 et le 5 c'est aussi l'occasion de commencer une nouvelle relation, centrée sur l'écoute, le partage, le cœur.

Le 2 et le 5, c'est aussi l'expérience du bien et du mal, de la réalité et de l'illusion, de la vérité et du mensonge … il s'agit de savoir écouter son cœur, sa petite voie, sans y inclure l'aspect émotionnel ou mental … c'est une année d'ouverture, vers une nouvelle conscience : supra mentale.

La vibration 3 en décembre 2021 :

La vibration 3 est naturellement en harmonie avec la vibration du mois de décembre de manière générale. Elle élève la conscience une dernière fois pour l'année, et ouvre l'esprit. Normalement, on gère mieux ses émotions, les doutes sont moins présents, et la détermination est plus forte. Ce qui prépare à l'énergie 4 de l'année suivante. Cette année, la vibration 3 est encore plus connectée en ce mois de décembre, à une conscience vraiment élevée.

Les énergies s'accélèrent de nouveau, toujours en évolution, toujours vers la transformation. Vous semblerez confiant, rassurant et lucide. D'ici là vous devriez savoir ce dont vous avez réellement besoin ou non. Vous aurez transformé vos rêves et désirs, et aurez peut-être même commencé à réfléchir à des plans d'action. Toutes les expériences vécues au cours de l'année, (faciles ou moins faciles), vous auront toutes fait grandir d'un seul coup, que ce soit physiquement, mentalement, émotionnellement et spirituellement. Vous êtes transformé à tous les niveaux. Vous êtes lumineux, sensibles, la parole claire, vos projets sont peut-être moins extravagants, plus sains, et seront plus facilement réalisables dans le monde concret (l'an prochain en année 4)... bon retour sur terre !

Conclusion pour la vibration personnelle 3 pour l'ensemble de l'année :

Le chiffre 3 est toujours une vibration qui vient vous secouer un petit peu. Elle est surtout là, pour vous rappeler qui vous êtes, et ce que vous êtes venus faire dans ce monde. C'est l'enfant intérieur qui s'exprime avec tous ces désirs, ces buts, mais aussi ces caprices. Selon vos situations, l'énergie 3 peut être ressentie comme un élan vers l'avant, et parfois comme le fait d'avoir besoin d'encadrement et de sécurité (notamment affective). Cette sensation de sécurité, il est possible que vous ne la ressentiez pas cette année. Avec l'énergie 5 de l'année, c'est un peu comme se lancer sans filet. Vous vivrez des épreuves ou des évènements qui vous conduiront à la réflexion sur le bien-fondé de vos « envies » ou de vos intentions. Une année qui vous poussera peu à peu à sortir de différentes illusions.

Dans l'ensemble, la vibration 3 vous conduira toujours vers une ouverture quelle qu'elle soit : ouverture de conscience, ouverture professionnelle, nouvelle relation ou amélioration de relation. Elle peut correspondre à des « réorientations » possibles, un peu comme une deuxième chance, surtout si vous pensez avoir pris des choix en 2020 qui n'étaient pas forcément les bons. Pour cela, vous aurez de nombreuses opportunités qui seront autant de tentations qui vous désorientent. Vous pourrez alors peu à peu affirmer ce que vous voulez vraiment.

Pour la majorité, vous serez très créatif, inventif, beaucoup d'échanges, de discussions, une curiosité assouvie, de la joie et de l'optimisme. Un air et un souffle nouveau, la sensation d'une libération. Le conseil : restez vigilant pour ne pas vous laisser entrainer, manipuler, abuser par votre naïveté, votre distraction, ou par faiblesse et oisiveté. Pour d'autres, cette énergie 3 vous permet de jouer tous les rôles que vous souhaitez, d'expérimenter tout ce que vous voulez. Le conseil : surveillez votre égo.

La vibration 4 en décembre 2021 :

Il se peut que ce mois de décembre contiennent encore des opportunités concrètes à saisir. Des opportunités, sans doute, plus adaptées, plus en harmonie avec ce que vous voulez vraiment. Vous êtes aussi plus calme, plus posé, et votre intuition peut vous guider comme jamais. Il faut absolument que vous vous fassiez confiance ce mois-ci et que vous soyez peut-être un peu moins terre-à-terre. Si vous aviez trouvé des aides le mois précédent, ce sera bénéfique, vous vous sentirez soutenu, et serez davantage confiant en l'avenir. Cela est valable pour les projets, mais cela peut aussi être valable pour des confidences que vous auriez pu faire : parfois, oser parler un peu de soi, de ses rêves, ou de ses troubles intérieurs qui nous limitent, peut permettre de nous en libérer …

Conclusion pour la vibration personnelle 4 pour l'ensemble de l'année

La vibration 4 en 2021 permet de se libérer concrètement de beaucoup de choses. Que ce soit au niveau des croyances, des acquis, de relations, du travail, de déménager ... c'est une étape de réalisation et de transformation qui peut s'avérer efficace et définitive. Attendez-vous à des chamboulements, (voulus ou non), à des déplacements, à de l'imprévu. Il vous faudra être adaptable, travailler votre justesse, et votre stabilité. Vous pouvez faire et transformer tout ce que vous voulez... à condition d'en être pleinement l'acteur !

La vibration 5 en décembre 2021 :

Certains d'entre vous ressentiront peut-être encore un dernier élan important en cette fin d'année. Il peut s'agir d'un élan plus spirituel, ou une ouverture de conscience soudaine. Ces élans peuvent être dû à de nouvelles responsabilités que vous devez assumer et vous voulez absolument bien faire. Mais ces élans peuvent aussi être de nouvelles chances à saisir, au cas où vous auriez raté les précédentes. Ou encore à de nouvelles rencontres plus fascinantes les unes que les autres. En élan spirituel, on pourrait dire que vous aurez peut-être une période de remise en question sur le bien-fondé des changements accomplis, ou peut-être pour certains, une sorte de regrets par rapports aux actes manqués de l'année. Tout dépendra comment vous allez vivre les choses au quotidien. Une seule chose est sûre : vous ne serez plus la même personne en décembre que celle que vous étiez en début d'année.

Conclusion sur la vibration personnelle 5 pour l'ensemble de l'année

La vibration personnelle 5 dans une année en vibration 5 également est très puissante. Elle permet de transformer totalement, mais aussi de rayonner. C'est une belle ouverture de cœur, d'esprit et de conscience, à condition de rester sur sa propre voie, celle qui mène à la réalisation de soi. Le danger de ce double effet du 5, est d'un côté toutes les tentations que l'année peut mettre sur votre route, et le risque énorme de sombrer dans les abus ou de succomber aux tentations.

La vibration 6 en décembre 2021 :

Quelle bonne période pour faire un bilan de l'année ! Il est temps de réfléchir, d'apporter de la compréhension, de repenser à tout ce que vous avez fait, vécu, dit, pensé, tout au long des mois précédents. Rappelez-vous qui vous étiez, comment vous étiez, quelles habitudes vous aviez, et voyez à présent la personne que vous êtes… Plus consciente, plus posée, plus centrée, mais aussi plus déterminée, plus objective…

Dans l'ensemble, c'est votre comportement par rapport aux autres qui doit avoir changé. Si vous étiez timide et que vous vous laissiez abusée, à présent, vous vous imposez et savez dire « non » quand il le faut. Si vous étiez du genre à diriger tout le monde et prendre toutes les responsabilités, vous vous êtes assagi, vous avez appris à vous décharger et pour cela, vous avez découvert qu'il faut aussi savoir faire confiance aux autres…

Conclusion sur la vibration personnelle 6 pour l'ensemble de l'année

C'est surtout au travers de vos relations aux autres que la vibration 6 vous fait expérimenter votre travail personnel. Le « but » d'une année en vibration personnelle 6 est de trouver sa juste place au sein de la société. Il s'agit d'être présent sans être le centre du monde, de s'exprimer sans commander, d'écouter sans juger, d'aider sans faire « à la place de , être généreux sans se laisser abuser… je pense que vous comprenez le principe. Être juste dans tout, c'est ne pas tomber dans quelque extrême que ce soit. Or, l'année 2021 est en vibration 5. Une vibration qui va vous faire expérimenter les extrêmes dans pas mal de domaines, au travers d'évènements précis, souvent soudains. Dans l'ensemble, vous n'aurez pas trop le temps de « calculer » quoi que ce soit. Il faudra donc trouver une justesse instinctive. Celle qui vous parait la plus naturelle possible, qui fait appel à votre bon sens, qui ne comble pas de besoins personnels et avoir suffisamment de discernement pour ne pas céder à toute tentations.

La vibration 7 en décembre 2021 :

Vous devriez finir l'année dans ce que l'on appelle une pleine conscience. Vos idées et intuitions sont fortes, vous réceptionnez plus vite que cela vous est envoyé… un peu comme au mois de mars, mais en beaucoup plus fort. Tant mieux pour certains d'entre vous, car de nouvelles opportunités et chances se présentent, et vous pourrez les saisir. Avec l'entrée de Saturne , puis de Jupiter dans le signe du Verseau, beaucoup seront tournés vers l'éclatement de la vérité, vers l'envie d'améliorer les conditions de vie, se mettront à la recherche de renseignements sur les énergies renouvelables, sur les soins par les plantes... ou pourquoi pas, avoir des idées visionnaires et novatrices si vous travaillez dans ces domaines !

Vous ressentez en même temps les énergies de l'année 2021 qui viennent se mêler à votre vibration personnelle 7. Vous serez alors dans les prises de conscience des moyens concrets d'agir dans le monde qui vous entoure. Vous aurez envie de partager vos connaissances et vos expériences, et serez même capable d'entreprendre de diriger d'autres personnes dans un but commun d'évolution et d'amélioration de la vie quotidienne.

Si certains d'entre vous envisageaient de se mettre à leur compte, cela leur sera déjà possible dès ce mois de décembre.

Conclusion sur la vibration personnelle 7 pour l'ensemble de l'année

La vibration personnelle 7 a tendance à isoler, ou rendre méfiant. Elle permet de s'interroger sur tout, et de se remettre en question. Elle permet aussi de combler la curiosité en apportant de nouvelles connaissances. En ce sens, elle élargit donc la conscience et les modes de pensées. Au cours de cette année en 4 avec le double 20, on peut même penser à une toute nouvelle manière de penser. Une intelligence plus fluide, plus intuitive, qui se connecte à nos besoins profonds et naturels. On réfléchit davantage dans le bien-être. On cherche des solutions plus simples, plus naturelles. On peut aussi renouer avec des connaissances ancestrales. Certaines croyances seront balayées, et remplacées par d'autres. D'autres croyances referont surface... La vibration 7 vous lance à la quête de la vérité, en étant capable de remettre en cause nos habitudes et fonctionnements typiques. Elle invite à gérer le temps, prendre du temps pour soi avant tout. C'est une année pour se recentrer, finaliser certaines choses, et réorienter tout ce que vous souhaitez modifier pour la suite…

La vibration 8 en décembre 2021 :

Vous terminez normalement l'année sur les chapeaux de roue. Dynamique, confiant, pleinement acteur, vous débordez d'énergie et d'originalité. Mais attentions que cette énergie ne vous dépasse pas. Côté budget, vous ferez peut-être un bilan de votre année, ou utiliserez vos acquis pour en faire concrètement quelque chose. C'est un peu comme la récolte ou la récompense de la fin de l'année. Vous pourriez aussi bénéficier de belles opportunités de placements à long terme. Attention tout de même aux « leurres » qui pourraient vous faire tout perdre juste à la fin de l'année… On pourrait tenter de vous corrompre ou vous faire céder en vous faisant rêver, en vous promettant monts et merveilles, bref, en flattant principalement votre égo… Ne soyez pas dupes et restez lucides et vigilants. Mais dans l'ensemble, vous ne prenez pas de risques inutiles, même si « qui ne tente rien n'a rien ». Vous préférez profiter de tout ce que vous avez déjà, ou de ce que vous avez réalisé, modifié, transformé, au cours de cette année.

Conclusion sur la vibration personnelle 8 pour l'ensemble de l'année

Tout au long de l'année, vous aurez donc de nombreuses opportunités et la capacité de faire à peu près tout ce que vous souhaitez et même d'en récolter les premiers fruits. Vous comprendrez que vous devez vous organiser et élaborer des plans, des étapes, pour tout ce que vous devez faire. Seulement, vous apprendrez que ces étapes peuvent évoluer et se modifier à tout moment, et qu'il est important de ne pas rester figé, ou bloqué sur une seule idée. C'est également une année qui vous demandera une conscience et une maitrise de l'égo si vous ne voulez pas tomber dans de nombreux pièges.

La vibration 9 en décembre 2021 :

Si vous avez trouvé des choses qui sont encore à terminer ou à mettre au clair, vous allez le faire rapidement. Vous avez compris sans doute des blocages profonds, et vous savez qu'il faut y remédier pour avancer confiant et sans peur par la suite. Vous êtes encore dans la vibration 9 et tout peut encore guérir, finir, et vous mettre en paix. Mais parallèlement vous commencez à sentir l'énergie de la vibration qui vous accompagnera l'an prochain. Et cette vibration vous rend confiant, plus sûr de vous. Donc vous pourrez en même temps commencer vos premières vraies actions ! il s'agira peut-être d'officialiser vos démarches, d'affirmer vos choix, de vous entourer des personnes compétentes, de rencontrer la personne qui vous aidera à tourner définitivement la page du passé... Dans tous les cas, vous semblez savoir dans quel ordre vous devez agir pour ne pas perdre de temps et surtout pour ne pas vous égarer en cours de route. Cependant, chaque pas que vous ferez, sera une nouvelle aventure vers votre réalisation finale. Notez que des coups de pouce inattendus ou des chances peuvent s'infiltrer dans vos actions ...

Conclusion sur la vibration personnelle 9 pour l'ensemble de l'année

Une année qui vous permettra de finir beaucoup de choses, de faire un travail de guérison intérieure intense, vous permettant de comprendre vos blocages, vos peurs, de porter votre conscience sur votre propre comportement, de transformer pratiquement tout ce que vous désirez afin de prendre un large tournant dans votre vie. Une année également de préparation de l'avenir, vers un nouveau cycle avec plus de foi, de confiance et de conscience. Une année qui peut vous permettre aussi de vous intégrer à votre juste place dans ce monde.

Des guidances pour l'année

Je vous propose quelques messages courts interprétés de lames de tarots. Vous pouvez laisser faire le hasard, en ouvrant n'importe quelle de ces pages et méditer sur l'un des messages proposés. Vous pouvez aussi choisir l'image qui vous attire tout simplement…

Ces messages sont des guidances. Même si vous ne les comprenez pas dans l'immédiat, vous verrez qu'elles prendront un sens pour vous dans peu de temps.

L'objectif de ce chapitre est de vous apporter matière à méditer sur de grandes notions spirituelles, philosophiques, ou même pratiques. Elles peuvent parfois aussi « répondre » à vos questionnements intérieurs.

Sous chacun des messages, je vous ai mis quelques mots clés qui pourraient être des indications sur ce que vous pourriez faire, ou ce sur quoi vous devez porter une attention particulière.

Profitez bien de ces quelques guidances, et revenez les consulter de temps en temps.

Le guide complet de l'année

rdv page 194    rdv page 194    rdv page 195

rdv page 195    rdv page 196    rdv page 196

p. 192

Balance 2021

rdv page 197    rdv page 197    rdv page 198

rdv page 198    rdv page 199    rdv page 199

p. 193

Votre guidance vous est donnée par la carte du 6 des coupes versa :
« Un peu de solitude pour observer et se souvenir »

Savoir se positionner plus haut pour comprendre l'ensemble.

Prenez un peu de temps, écartez vos émotions premières, et observez l'ensemble avec calme. Voyez la globalité et découvrez ce qui « est » vraiment. Vous verrez d'autres possibilités ou vous comprendrez mieux comment vous en êtes arriver où vous en êtes aujourd'hui. Comprenez également que vous avez bien plus de richesses en vous que vous ne le pensez. Vos souvenirs sont importants pour vous rappeler qui vous êtes et d'où vous venez. Tout ce que vous avez appris avant, vous a construit. Voyez si des « mises à jour » de vos connaissances et croyances ne sont pas nécessaires...

Prendre de la distance (de la hauteur) – faire le point – se souvenir – faire un bilan de l'ensemble de ses capacités.

Votre guidance vous est donnée par la carte : As des épées :
« conquêtes / idées »

Foi et confiance en vos intuitions ! Elles vous mèneront loin.

Si vous avez un doute dans le moment présent, non, vous ne vous trompez pas. Vous êtes parfaitement lucide de la situation ou du choix que vous devez faire. Alors suivez-votre idée et lancez-vous dans l'aventure !

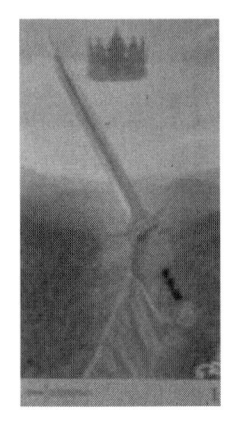

Vision claire – prendre les devants – foi – confiance – diriger – aligner ses paroles et ses pensées.

Votre guidance est donnée par la carte : Valet des bâtons : « élargir ses connaissances »

Sortez parfois des supports pour apprendre et osez apprendre sur le tas !

Connaître des théories est une chose, les expérimenter en est une autre. Vous vous rendrez vite compte qu'entre la théorie et la pratique, il y a souvent toute une dimension... Appliquez vos connaissances dans la matière et en échange, enrichissez-vous de ce que vous découvrez dans l'expérience...

Évolution – transformation intérieure – optimisme – nouvelles – créativité

Votre guidance est représentée par la carte : le soleil versa : « Votre présent »

Vous semblez bien dans votre zone de confort, mais ne vous êtes-vous pas mis des barrières dont vous ne pouvez plus sortir ?

Il est peut-être temps d'envisager l'avenir, de vous « renouveler ». Vous avez beaucoup de qualités et de créativité, apprenez à vous faire confiance et osez sortir de certaines de vos limites pour pouvoir vous réaliser. Les seules barrières que vous avez, sont la plupart du temps, celles que vous vous mettez seul. Si vous avez peur de l'inconnu, enrichissez d'abord votre esprit, augmentez vos connaissances, et tout se passera bien.

Gestion des conflits intérieurs – refuge psychologique, zone de confort – créativité à exprimer – renouvellement – changement de conscience.

Votre guidance est donnée par la carte : cavalier des épées versa : « imprévus, détermination ou obstination ? »

Il est temps d'en finir avec le passé.

Il y a probablement encore pas mal de choses qui ne sont pas « réglées » autour de vous : des dossiers en retard, des relations étouffantes, un comportement trop envahissant envers les autres. Réglez un maximum de choses, c'est important. Il est aussi nécessaire de vous interroger sur vos propres comportements : vos jugements sont-ils justes et dénués d'intérêts personnels ? Vos décisions ne font-elles pas que vous éviter d'affronter l'avenir ? N'exercez-vous pas un contrôle sur les autres ?
Se remettre en question – finir des choses du passé – affronter ses démons.

Votre guidance est donnée par la carte : Roi des bâtons versa : « gérez vos désirs et ouvrez-vous à l'évolution »

Ne seriez-vous pas trop égoïste ? vos décisions risquent-elles de nuire aux autres ? Êtes-vous fermé à l'évolution et au changement ?

Vous pouvez vous interroger sur les intentions profondes que vous mettez dans vos désirs, vos choix, et vos actions. En creusant un peu, vous découvrirez peut-être que vous ne faites que combler des peurs ou des doutes... Vous pouvez aussi vous demander si vous êtes suffisamment honnête envers vous-même. Peut-être que vous avez du mal à accepter les changements dans votre vie ? Il est important de laisser évoluer vos croyances et connaissances pour ne pas rester coincé dans le passé. Ne soyez pas entêté... relaxez-vous.
Immersion intérieure/ouverture de conscience – S'ouvrir au changement – déjouer les pièges de l'égo.

Balance 2021

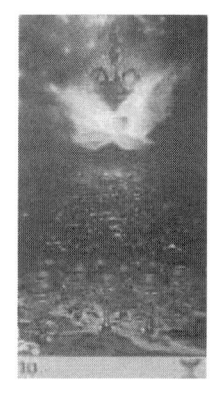

Votre guidance est donnée par la carte : 10 des coupes versa : « **La richesse est ailleurs** »

La plus grande richesse est intérieure. Tous les biens matériels ne vous combleront pas plus, et vous n'avez pas besoin de dépendre de l'amour des autres pour exister.

L'équilibre émotionnel est très important. Il ne s'agit de se sentir aimé par le plus de monde possible... car il suffit que l'un d'eux se brouille avec vous et votre équilibre est rompu... Apprenez à vous aimer vous-même avant tout. Découvrez toute votre richesse intérieure. Comprenez que vous êtes un être entier, authentique et formidable. Et que vous n'avez pas besoin de prouver quoi que ce soit. Votre liberté est aussi à l'intérieur de vous...

Richesse intérieure – évolution spirituelle et ouverture de conscience – amour de soi – Se libérer des attentes envers les autres et se suffire à soi.

Votre guidance est donnée par la carte : 8 des bâtons : « **espoir, rapidité** »

Ne traînez pas ! Avancez franchement, soyez confiant. Il y a des opportunités à prendre au vol.

Les énergies s'accélèrent autour de vous. Peut-être que la chance est en train de tourner en votre faveur. Il y a des moments dans la vie, où il ne faut pas trop réfléchir et faire confiance. vous devez vous adapter et utiliser ce qui se présente à vous ! ... Il se peut également que vous ayez eu des malentendus dernièrement en ayant agi trop vite ou dit des choses que vous ne pensiez pas. Ne restez pas bloqué dessus, et n'hésitez pas à aller clarifier les choses rapidement.

Confiance – mise au point – faire le premier pas – chance à saisir – affaire à régler

Votre guidance est donnée par la carte : Roi des épées versa : « coupez avec les émotions »

Vous ne pouvez pas être impartial et juste si vous vous laissez entrainer par les émotions.

Il faut parfois être en mesure de prendre de la distance, et d'observer avec intelligence les choses telles qu'elles sont « réellement ». C'est-à-dire sans l'influence des émotions surtout si celles-ci sont extrêmes. Vous trouverez des solutions et des nouvelles idées très différentes si vous osez vous remettre en question. Une émotion cache toujours une faille en soi. Commencez par vous demander qu'elle faille est touchée, pourquoi elle l'est, et vous saurez comment vous « guérir ».

Voir la réalité – comprendre au-delà des émotions – guérir ses failles intérieures – voir avec des angles différents – utiliser l'intelligence logique

Votre guidance est donnée par la carte : Le Bateleur versa « Ne soyez pas trop bavard »

Garder une part de secret et ne pas révéler tous ses désirs et ses atouts

Il est parfois bon de ne pas tout dévoiler dans l'immédiat. Cela permet de garder vos buts sans qu'on essaye de vous en dissuader. Cela permet de laisser mûrir ses idées. Il faut garder une part de rêve pour soi. N'hésitez pas à faire des projets, à voir loin et à voir grand. Laissez derrière vous ce qui doit l'être sans regrets. Vous êtes prêt à passer à autre chose, n'en doutez pas.

Vision d'avenir – prêt à démarrer – réaliser ses aspirations – avancer pour soi – avoir foi en soi

Votre guidance est donnée par la carte : Tempérance
versa : « La force intérieure – la guérison »

Vous avez de grandes ressources en vous. Trouvez votre équilibre et votre harmonie. Vous n'en serez que plus fort.

Vous avez été blessé intérieurement ? Déjouer votre égo, comprenez ce qui est blessé en vous et pourquoi, au lieu de vous perdre dans les blessures émotionnelles. Vous surmonterez une grande étape intérieure qui vous transformera pour toujours. Vos faiblesses sont des forces et vos forces, des faiblesses. Trouvez l'harmonie dans leur dosage.

Reprendre confiance – lever ses propres limites – stabilité émotionnelle – réveil spirituel et ouverture de conscience.

Votre guidance est donnée par la carte : 3 des coupes
versa : « Vivez l'instant présent - réussite »

Accueillez la vie ! Prenez du temps pour vous ressourcer.

Ce que vous avez mis en place devrait vous apporter les résultats attendus. N'hésitez à accueillir les nouvelles idées qui pourraient faire évoluer vos projets de manière abondante. Profitez de ce qui vous est donné, que ce soit de l'amour, de l'argent, des sentiments, du temps… Si vous ne profitez jamais de rien, « on » ne vous donnera plus rien non plus…

Abondance – joie – réussite – idées nouvelles – intuitions fortes – se détendre – savoir donner et recevoir.

Le guide complet de l'année

Le petit Mot de la Fin

Cette année, je n'ai malheureusement pas pu publier l'ensemble de mes études en numérologie, en tarot et en astrologie dans chacun des guides astro 2021. *(Le motif invoqué étant que mes livres se « ressemblaient » trop : ce qui est normal puisque ces études sont communes pour tous les signes astrologiques, mais bon... je n'ai rien pu faire de ce côté-là).* Vous pouvez toutefois trouver l'ensemble de ces études dans « le grand guide 2021 » que j'ai donc publié « à part ». Je suis vraiment désolée de ce désagrément indépendant de ma volonté, et qui m'a obligée à revoir toutes les mises en page et toutes les publications des guides de chacun des signes astrologiques. Ce qui est bien dommage, car ces études « générales » permettent notamment de mieux comprendre l'ensemble énergétique dans lequel nous sommes tous.

Après une année 2020, très forte, avec un mélange incroyable de blocages et de révélations, 2021 s'annonce dans le mouvement et la réaction. Je ne peux pas précisément dire ce qu'il se produira même si j'ai avancé pas mal de pistes dans le grand guide 2021.

Mais à un niveau personnel, pour chacun de nous, cette année est un tournant important, dans lequel, (si nous ne sommes pas mondialement troublé), nous pouvons entreprendre tout ce que nous désirons. Continuer les transformations, les évolutions, changer de cap, agrandir la famille, déménager ... tout est possible, et les énergies qui nous entourent vous pousseront vers l'avant tant que vous êtes dans le changement (puisque ce sont des énergies de changements...). Si par contre, vous refusez l'évolution, et vous vous attachez trop au monde passé, vous allez à contre-courant, et tout pourrait être « subi ». C'est important de comprendre cela, pour suivre la « vague » de 2021.

Osez le changement, n'ayez pas peur de l'inconnu, affrontez certaines peurs, sortez des zones de confort, bref, ouvrez-vous au renouveau ! Adaptez-vous, et adaptez-le à ce que vous aimeriez qu'il soit ! Je vous rappelle que chacun de nous est créateur.
Ainsi, en 2021, il ne s'agit plus de rester là à subir ou à protester. Il s'agit d'avancer et d'écrire l'histoire du monde de demain !

J'espère sincèrement que ce guide vous suivra tout au long de l'année, qu'il puisse vous permettre de comprendre beaucoup de choses, voir même, d'anticiper.
J'ai effectué beaucoup de recherches et j'ai mis toute mon énergie pour réaliser un ouvrage le plus complet et le plus « logique » possible, afin qu'il soit facile pour vous de l'utiliser.

Être en conscience des énergies doit vous conduire vers une attitude plus sereine, préventive. Et je vous souhaite de réaliser toutes les transformations que vous souhaitez dans votre vie.
Une année pour aligner le cœur et l'esprit (vibration 5).

Joan

Visitez mon site
https://bykokolou.com

Découvrez des articles sur le développement personnel, la spiritualité, des tendances énergétiques.
Découvrez les soins reiki à distance.
Formez-vous à la numérologie par des formations que j'ai entièrement créées pour être accessibles à tous.

Mes autres livres :
Connaître et comprendre son karma : vers l'élévation de conscience et l'amélioration de votre vie
Les petites histoires à méditer – vol 1

Les images de ce livre sont extraites du jeu :
- *Le ViceVersa Tarot*

Image de couverture :
- *Créateur de l'image : Geralt - https://pixabay.com/images/id-639122/ License libre pour usage commerciale. Pixabay*
- *Réalisation de la couverture : Joan Pruvost*

Copyright © 2020 Joan Pruvost

Tous droits réservés.

Copie et reproduction interdite pour les droits à la propriété intellectuelle.

Printed in Great Britain
by Amazon